FUCK ME NOW AND LOVE ME LATER

JANA FÖRSTER

FUCK ME NOW AND LOVE ME LATER

33 FRAUEN ERZÄHLEN VON VERRÜCKTEN, MISSGLÜCKTEN, ABENTEUERLICHEN UND HOCHEROTISCHEN ONE-NIGHT-STANDS

EXPLIZIT

INHALT

DAS LEBEN IST ZU KURZ, UM SCHLECHTEN SEX ZU HABEN!

VORWORT

One-Night-Stands haben viele Gesichter. Schöne, lustige, sinnliche, intensive, verrückte, peinliche, orgastische, lächerliche oder einfach nur richtig schlechte. Doch eines sind sie immer: spannend und unvergesslich.

Nahezu jeder kann bei diesem Thema mitreden. Ich persönlich kenne jedenfalls keinen, der noch nie ein Abenteuer der Gattung One-Night-Stand hatte. Man kann es nicht planen, es passiert einfach. Und manchmal realisiert man erst am Tag danach, dass man einen klassischen One-Night-Stand, ein Sexabenteuer hatte.

Wie sich so was ergibt? Das ist wahrscheinlich so verschieden wie der Sex, der dabei rauskommt.

Mal geht eine Frau einfach mit Freunden in eine Bar, sieht auf der anderen Seite des Tresens einen hübschen Mann und sie flirten miteinander. Wenig später nehmen sie ein, zwei Drinks zusammen und sie landen ohne jegliche Verpflichtungen im Bett. Manchmal weiß sie noch nicht mal den Namen des Mannes, auf dem sie gerade sitzt. Geschweige denn, wie er seinen Kaffee trinkt oder wie es um seinen Beziehungsstatus steht. Und das ist auch gut so. Denn darum geht es. Um ein Abenteuer. Unverbindlichen Sex.

Eben um einen One-Night-Stand.

Es kann aber auch der langjährige enge Freund sein, mit dem man bei einem DVD-Abend ohne Vorwarnung im Bett landet. Und das, obwohl die vielen gemeinsamen Abende zuvor ohne Lust aufeinander verlaufen waren.

Es kann aus Onlinebekanntschaften entstehen, Sex mit dem Ex von vor zehn Jahren oder mit dem Chef auf dem Schreibtisch. Mit dem Briefträger, dem Lover der Mutter (soll es alles schon gegeben haben) oder, oder, oder.

Sogar ganze Internetforen beschäftigen sich damit. Man kann sich gezielt zum One-Night-Stand verabreden oder zu spontanen Sex-Dates aufmachen. Bei Google findet man Tausende Einträge darüber, unter anderem verschiedene Hilfestellungen in Form von den »Sieben goldenen Regeln« oder den »Zehn größten No-Gos« beim One-Night-Stand.

Und wenn man denkt, dass nur die Jugend heutzutage spontanen und unverbindlichen Sex hat, irrt man gewaltig. One-Night-Stands sind in jedem Alter ein beliebtes Abenteuer für zwischendurch. Und egal was dabei rauskommt, gut fürs Selbstbewusstsein sind sie allemal.

One-Night-Stands sind wie ein Glücksspiel. Man kann großes Glück haben. Oder eben riesiges Pech. Und meistens liegt da noch ganz viel dazwischen.

Um genau solche Erlebnisse geht es in diesem Buch: One-Night-Stands so vielseitig, verrückt, lebendig und verrucht, wie sie nur das Leben schreiben kann. Viel Spaß!

Ihre Jana Förster

PARIS FÜR ANFÄNGER

Vanessa (41), Immobilienmaklerin, Hermsdorf,
über
Pierre (32), Künstler, bei Paris

Paris. Was für eine Stadt. Alle erzählen davon, wie romantisch sie ist und was für intensive Liebesurlaube man dort verleben kann. Mich erwartete in den kommenden Tagen in Paris jedoch kein Urlaub mit knarrenden Betten und Liebesgedusel. Nein, ich würde Immobilienverträge mit einem großen Kunden aushandeln. Ich hatte sofort große Lust darauf gehabt, als ich von meinem Chef die Anfrage dafür bekommen hatte. Denn das Einzige, was mich zu Hause erwartet hätte, wäre das perfekte Drehbuch für *Und täglich grüßt das Murmeltier II* gewesen. Jeden Tag derselbe Ablauf. Einzig eine Kinderkrankheit der Tochter oder ein Erdbeben hätten Abwechslung bedeutet.

Weiß man das nicht schon, wenn man heiratet?, dachte ich im Flieger nach Paris. Nein!, stellte ich entschlossen fest. Ich dachte, dass mein Mann und ich noch jahrelang nahezu täglich übereinander herfallen und uns die Kleider vom Leib reißen würden. Dass wir uns auch nach zehn Ehejahren täglich liebevoll sagen würden, wie sehr wir uns lieben. Ich meine, daran hatte sich meinerseits auch nichts geändert, also die Gefühle. Nur sagen wollte ich es nicht mehr so oft. Und er auch nicht. Wahrscheinlich, weil wir es schon sehr oft voneinander gehört hatten und es sich ausgeleiert hatte. Mit dem Sex war es genauso. Die ersten Jahre hatten wir oft Sex gehabt und nahmen uns viel Zeit dafür. Doch 15 Hochzeitstage später mussten wir uns regelrecht alle paar Tage dazu aufraffen.

Machte mich das alles unglücklich? Nein! Aber spannend war es eben auch nicht. Genau aus diesem Grund hatten mein Mann und ich beschlossen, dass wir uns jeder einen Freifahrtschein für ein einziges Abenteuer im Jahr geben würden.

Als ich es das erste Mal im Jahr vor meiner Parisreise gewagt hatte, war ich einem keuchenden Minipimmelträger aufgesessen. Es war schrecklich, hatte mich aber spüren lassen, wie gut ich es bei meinem Mann hatte. Weder sabbert er beim Sex, noch röchelt er oder lässt mich eine Lupe zur Hand nehmen müssen.

In diesem Jahr hatte ich es noch nicht getan. Wahrscheinlich musste ich noch die »kleine« Begegnung verdauen.

Im Hotel angekommen, legte ich mich ins Bett und guckte Fernsehen. Bald darauf schlief ich ein. Ich träumte von einem Swingerclub. Noch nie zuvor hatte ich von so etwas geträumt. Und was mich noch mehr verwunderte: Ich fand die Idee super. Wo, wenn nicht in der Stadt der Liebe würde sich ein Sexabenteuer anbieten?, fragte ich mich. Am Frühstückstisch kurz vor meinem ersten Geschäftstermin beschloss ich innerlich, am Nachmittag online auf die Suche nach einem Club in der Stadt zu gehen.

Ein erfolgreiches Geschäftsgespräch später saß ich dann endlich am Laptop. Doch nichts ging. Es ließ sich keine Internetverbindung aufbauen. Durch mein Kopfkino über den ganzen Tag hinweg hatte ich mir schon die wildesten Fantasien ausgemalt. Doch es schien langsam, aber sicher an einer harmlosen Internetverbindung zu scheitern. Ich beschloss, unten in der Bar einen Drink zu nehmen und meine Fantasien mit einem guten Wein zu vergessen.

An der Bar war viel los. Ich bekam kaum einen Sitzplatz. Nur ein einziger Stuhl war noch frei, der stand am Tisch mit einer Gruppe Touristinnen. Ich fragte höflich, ob ich mich dazusetzen dürfte, und sie antworteten mir auf Deutsch. Das traf sich perfekt. Es dauerte nur einen Weißwein lang, da quatschten wir über intimere Dinge, als ich es seit Langem mit meinem Mann getan hatte. »Habt ihr denn schon diese heißen Typen da drüben gesehen?«, fragte eine der Frauen und deutete auf einen Tisch mit drei Einheimischen. Ich hatte sie vorher noch gar nicht bemerkt. Doch der eine sah mir direkt in die Augen. Er war sehr attraktiv. Und jung. Zu jung. Ich wendete mich schnell von seinem Blick ab und dachte, dass er bestimmt eher weggesehen hätte, wenn er mein Alter gewusst hätte.

»Fünf Cosmopolitan für die Damen«, sagte der Kellner zehn Minuten später und stellte die Gläser auf unserem Tisch ab. Die hübschen Männer guckten zu uns rüber und schienen darüber zu sprechen, ob sie zu uns kommen sollten. »Mein« Typ blickte mich schon wieder so verführerisch an, wie es nur ein Franzose tun kann. Bei einem deutschen Mann würde es wahrscheinlich lächerlich aussehen, wenn er so offensiv flirten würde. Doch zu ihm passte es. Diesmal hielt ich seinem Blick stand. Er war groß, gut gebaut und wie gesagt sehr jung. Er konnte keine 35 Jahre alt sein, dachte ich. Sein Dreitagebart ließ ihn womöglich sogar noch drei, vier Jahre älter aussehen. Ich musste an Demi Moore denken. Schnell schob ich den Gedanken beiseite und stieß mit den Mädels an.

Pierre saß wenig später neben mir und ich war erstaunt, dass er ziemlich gut deutsch sprach. Mit seinem süßen französischen Akzent klangen selbst die Worte »Schule gelernt« sexy. Ich konnte einfach nicht anders und stieg auf seine Avancen ein. Er hielt mit seiner Sympathie für etwas ältere Frauen nicht hinterm Berg.

Doch ihn endgültig in mein Zimmer einladen, das traute ich mich nicht. Ich bezahlte einige Zeit später einfach meine Drinks und ließ es auf mein Zimmer schreiben. Er konnte unmöglich meine Zimmernummer auf der Rechnung nicht erkannt haben. Mit dieser Gewissheit und Spannung verabschiedete ich mich von allen und ging rauf.

Ich sprang unter die Dusche und machte es mir auf meinem Bett gemütlich. Allein das Gefühl, geflirtet zu haben und von einem jungen Mann begehrt zu werden, machte mich glücklich. Ich hatte ein Lächeln auf den Lippen, obwohl ich schon mehr als 20 Minuten wieder auf meinem Zimmer war. Klopf, klopf. Oh Gott, dachte ich. Ist er das etwa? Mein Bauch kribbelte und ich warf mir meinen Bademantel um.

»Sie haben etwas an der Bar vergessen«, sagte Pierre, als ich die Tür geöffnet hatte und ihn anlächelte. »So? Was denn?«, fragte ich und überlegte, ob ich meine Tasche auch wirklich mit raufgenommen hatte. »Mich«, antwortete er frech. Ich konnte seine Direktheit kaum fassen, öffnete ihm jedoch noch weiter die Tür, dass er eintreten konnte.

Wir redeten und redeten, ich konnte kaum glauben, dass er mir nicht gleich an die Wäsche gegangen war. Irgendwann, es war schon weit nach Mitternacht, sagte er: »Ich habe keine Ahnung, wie ich es die ganze Zeit schaffe, Sie nicht zu berühren.« Ich stand auf, ging auf ihn zu und sagte gar nichts mehr, ich tat einfach das, was ich spürte. Ich küsste ihn. Diesmal schien er derjenige zu sein, der überrascht war. Doch im nächsten Moment nahm er das Zepter in die Hand. Er machte dem Ruf der französischen Männer alle Ehre und verführte mich nach allen Regeln der Kunst. Es war einfach nur: Wahnsinn!

In dieser Nacht hatte ich nicht nur wahnsinnig tollen Sex, sondern lernte meinen Körper ganz neu kennen. Ich spürte zum ersten Mal, dass ich einen funktionierenden G-Punkt hatte. Bis zu dieser Nacht hatte ich gedacht, dass dieser ominöse Punkt ein Mythos ist. Doch weit gefehlt. Pierre war der G-Punkt-Flüsterer in Person und bescherte mir meinen ersten multiplen Orgasmus. Zu Hause angekommen, kaufte ich mir und meinem Mann ein Buch darüber und wir fielen in den Wochen darauf wieder jeden Abend übereinander her und probierten alles aus, was wir gelesen hatten.

Pierre hatte ich per Mail erklärt, wie es um meine familiäre Situation bestellt ist. Er schrieb daraufhin nur: *Es hätte mich sehr gewundert, wenn eine so tolle, faszinierende, bezaubernde, attraktive und sinnliche Frau nicht verheiratet gewesen wäre. Und vielleicht verschlägt es dich irgendwann mal wieder nach Paris? Meine E-Mail-Adresse kennst du ja … Bise, trésor.*

8-PACK

Franzi (24), Krankenschwester, Berlin,
über
David (24), Polizist, Berlin

Ich stand mit David bei unserem ersten Date vor meiner großen Auswahl an DVDs und war aufgeregt wie noch nie zuvor. Er schaute auf, sah mich intensiv an, nahm mein Gesicht in beide Hände und kam – wie in den besten Liebesfilmen – ganz langsam näher und näher. Er hauchte mir einen Kuss auf die Lippen. Gänsehaut lief mir erst über den Nacken und dann den ganzen Rücken hinab.

Seit ich ihn das erste Mal gesehen hatte, hatte ich diesen Moment herbeigesehnt. David hatte ich wenige Tage zuvor als Patient auf meiner Arbeit behandelt. Ich sollte ihm ein EKG anlegen. Dafür hatte er sein Shirt ausgezogen und als ich von den Einstellungen des Gerätes aufgeschaut hatte, lächelte mich kein Six-Pack, sondern ein muskulöses Eight-Pack an. Bis zu diesem Tag hatte ich nicht mal geahnt, dass die Bauchmuskeln auch in achtfacher Ausführung vorhanden sein können. Dazu hatte er mir ein Lächeln geschenkt, was keine weiteren Fragen offen ließ. Und so kam es, dass ich küssend mit David einige Tage später in meiner Wohnung vor den DVDs stand. Da war völlig klar, dass wir keine fünf Minuten irgendeinen Film gucken würden. Wir wollten beide dasselbe: den Körper des anderen mit allen Einzelheiten erkunden.

David war eigentlich zu schön für meinen Geschmack. Normalerweise stehe ich auf Männer mit Ecken und Kanten, Männer, an denen es Besonderheiten zu entdecken gilt. Männer, die mich mit einem Dreitagebart an einen Cowboy auf einem Pferd erinnern oder die mich vom Baugerüst noch ganz dreckig mit unter die Dusche ziehen.

Das alles war David jedoch nicht. Er war zwar Polizist, ein eher robuster Beruf, aber er strahlte mehr die Selbstsicherheit eines erfolgreichen Männermodels aus. Sein Gesicht sah gefotoshopt aus, von seinem Körper mal ganz abgesehen. Seine Zähne konnten niemals von Natur aus so weiß sein und seine Klamotten waren so perfekt aufeinander abgestimmt, dass man hätte glauben können, er halte einen eigenen Stylisten im Kleiderschrank versteckt. Er war genau einen Kopf größer als ich, hatte strahlend grüne Augen (Kontaktlinsen?) und den definiertesten Bizeps, den ich je behandelt hatte. Und obwohl er eigentlich nicht mein Beuteschema war, zog er mich wie ein Magnet an. Quatsch, er zog jede paarungswillige Frau in seiner Umgebung an. Und wahrscheinlich noch einige darüber hinaus.

Ich schmolz förmlich unter seinen Lippen dahin und machte nichts, als diesen schönen Kuss einfach zu genießen. Ohne von meinen Lippen abzulassen, nahm er mich hoch, trug mich rüber auf meine Big-Couch und legte mich hin. Er zog mir unverzüglich meine Bluse aus, streichelte mir einmal über meinen Bauch und ratsch, hatte er mir den BH mit einem Ruck abgenommen. Was war das denn? Mein ganze Entspanntheit war plötzlich weg. Okay, mein BH war anscheinend nicht der stabilste. Aber dass er jetzt auf meinem Wohnzimmertisch lag und der Verschluss noch geschlossen war, was man von einem Träger und der Vorderseite nicht sagen konnte, war nicht der Plan gewesen.

Aber gut, wenn das seine Art ist, mir seine Wollust zu zeigen, kann ich auch gern auf diesen BH in Zukunft verzichten. Während ich das alles dachte, machte er sich an meinen Brüsten zu schaffen. Seine Zungenspiele fühlten sich warm und gut an, ich schloss meine Augen, genoss und entspannte wieder.

Mich hatte schon eine gefühlte Ewigkeit kein Mann mehr nach allen Regeln der Kunst verführt. Damit sollte jetzt Schluss sein. David sollte mein Sex-Retter sein. Mein Orgasmus-Garant. Später, in der zweiten Runde, würde ich mich revanchieren, beschloss ich innerlich.

Autsch. Hatte er in meine Brustwarze gebissen? Mit der anderen Hand zog er mir in unbegreiflicher Schnelligkeit meinen Rock und meinen Slip aus. Ich war nackt, er noch komplett bekleidet. Komisches Gefühl. Mit einem grenzwertig starken Biss in die andere Brustwarze beendete er vorerst seine »Liebkosungen« und stand auf. Er stellte sich vor die Couch und schaute mich – nackt wie ich war – von oben bis unten an.

Ich habe kein so makelloses Äußeres, wie David es hat.

Ich bin eine natürlich schöne Frau, würden meine Freunde sagen. Ich bin 160 Zentimeter groß, habe lange, dunkle Haare und eine weibliche Figur. Ich bin kein Hungerhaken, aber auch kein Pummelchen. Schmale Taille, schön runder Po und wohlgeformte Brüste. Meine markante Brille ist mein Markenzeichen, alles in allem würde ich wohl besser in die Fünfzigerjahre passen. An Verehrern hatte es mir jedenfalls noch nie gemangelt.

Trotzdem fühlte ich mich eigenartig ausgeliefert, wie ich da so vor ihm lag. Wie ein Hummer auf einem Tablett, dem gerade sein Panzer geknackt wurde.

David lächelte mich an und zog sich ganz, ganz langsam sein Shirt über den Kopf. Besser hätte er es für einen Werbespot auch nicht machen können. Seine Bauchmuskeln spannte er extra an, damit ich noch mal genau nachzählen konnte. Acht, es waren wirklich acht kleine Muskelpakete. Wahnsinn.

Dann tat er etwas, was ich für viel zu gestellt hielt. Ich glaube, er machte das nicht für mich. Er tat es für sich selbst. Zum Geilwerden?, fragte ich mich. Er stellte sich in Pose, hob beide Arme zur Seite und spannte seinen Bizeps an. Hatte ich irgendwo Bewertungstäfelchen griffbereit?, schoss es mir durch den Kopf. Ich erinnerte mich an einen Bodybuilderwettbewerb, den ich mal mit einer Freundin gesehen hatte. Wäre er auch noch so künstlich braun, hätte ich keinen Unterschied erkannt. Ich wusste nicht, ob ich staunen, lachen oder einfach gehen sollte. Aber die Faszination, die er auf mich hatte, war noch nicht gänzlich verschwunden. Ich wollte gucken, was passiert. Und ich wollte einen Orgasmus. Das stand so fest wie sein Schwanz, den er mir präsentierte, als er sich seine Hose auszog.

»Unterwäsche wird völlig überbewertet«, sagte er. Ach deshalb hat er meinen BH ermordet, dachte ich.

Nun war er wenigstens genauso nackt wie ich. Meine Lust stieg wieder und ich spürte, wie mein Schritt auf den Anblick seines schönen, steifen Schwanzes reagierte. Ich kniete mich hin und wollte ihn blasen, so schön wie er sich mir entgegenreckte.

Ich kniete auf allen vieren auf meiner Couch und hatte gerade sein bestes Stück in den Mund genommen, da gab er mir einen Klaps auf meinen Arsch. Aber keinen kleinen Klaps, sondern einen, der richtig knallte und bei dem es sogar etwas zwiebelte. Bei ihm turnte mich das irgendwie an. Überhaupt, das alles war so skurril. Und trotzdem tat es meiner Lust, komischerweise, keinen Abbruch. Doch das sollte sich wenige Minuten später ändern. Denn als ich mitten beim Blasen war, nahm er seine beiden Hände und hielt meinen Kopf fest. Das Einzige, was sich bewegte, war sein Becken. Und mein Gaumensegel sagte seiner Eichel persönlich »Hallo«.

Ich finde solche Praktiken in den heutigen Pornos sowieso schlimm. Welche durchschnittliche Frau nimmt bitte gern eine Penis bis zum Anschlag in den Mund? Den Würgereflex zu überwinden steht auf meiner persönlichen Lustliste ganz weit unten. Da ist in meinem Schritt die Sahara zu Hause. Genauso, wie drei bierbäuchige Männer gleichzeitig in mir zu haben oder mir von Unbekannten mein Gesicht besamen zu lassen. All das, finde ich, versaut die Sex-Realität in unseren Schlafzimmern. Wenn Halbstarke, die sich solche Filme anschauen, denken, dass das alles zum Sex dazugehört und Frauen so was mit monotonem Gestöhne mitmachen, verfälscht das alles.

Aber zurück zu meinem Gaumensegel. Ich habe ganz schnell abgebrochen und ihn wieder zu mir auf die Couch gezogen. Alles Weitere konnte ja nur besser werden.

Er legte sich halb auf mich und drehte mir an meinen Brustwarzen, bis sie fast abfielen. Ich wollte schon fast sagen, dass der Sender im Radio schon drin ist.

Na gut, es konnte ab jetzt eben nur noch besser werden, entschied ich. Und das wurde es auch. Er legte sich zwischen meine Beine und fing an, mich zu lecken. Und zwar gut. Richtig gut.

Meine Lust war binnen einer Minute zurück und als er dann noch einen Finger in mich schob, platzte meine Lust aus mir heraus. Ich bewegte mein Becken in seinem Rhythmus mit und da ich nicht die Leiseste bin, wussten spätestens dann auch meine Nachbarn, dass ich Besuch hatte. Ich nahm ein Kondom aus meinem Couchtisch, zog es ihm über und setzte mich auf ihn. Das fühlte sich super an.

Ich schloss meine Augen und genoss, als ich von ihm hörte: »Fick mich, du Hure.« Ich schlug meine Augen auf und konnte gar nicht fassen, was er gerade zu mir gesagt hatte. Hure? Ich bewegte mich zwar weiter, konnte mich jedoch nicht mehr entspannen. Was würde denn da noch kommen? Meine Lustkurve ging stetig bergab.

»Jetzt nehme ich dich mal so richtig ran«, sagte er und wir wechselten die Stellung. Ich lag auf dem Rücken, er auf mir und nahm meine Beine hoch. Mit einem Ruck fand ich meine Fußgelenke neben meinen Ohren wieder. Und als wenn das nicht schon reichen würde, spuckte er mir – à la Porno – mit voller Wucht in den Schritt. Bäh. Genau in diesem Moment war meine Lust auf Tauchstation gegangen. Vorbei. Schluss. Von meinem Orgasmus war ich so weit entfernt wie von Las Vegas.

Als wir fertig waren, sagte er: »Boah, das war geil. Jetzt bin ich kaputt. Ist es in Ordnung, wenn ich bis morgen bleibe?« Wie bitte?, dachte ich.

»Ähm, tut mir leid, geht nicht.«

Als ich zehn Minuten später die Tür hinter ihm schloss, ging ich ins Schlafzimmer und holte meinen verlässlichsten Liebhaber aus der Schublade. So kam ich dann doch noch zu meinem Orgasmus. Den hatte ich mir ja auch mehr als verdient, fand ich.

Es ist wie mit den Autos. Nur weil sie nach viel Leistung aussehen, haben sie nicht immer viel zu bieten. Punkt.

HAUSBESUCH

Mina (28), Medienkauffrau, Frankfurt,
über
Jörg (39), Arzt, Frankfurt

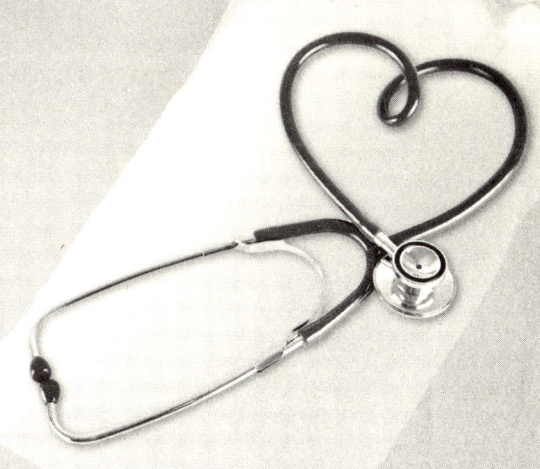

Was führt Sie zu mir?«, fragte mich der Doktor, als ich in den Behandlungsraum der Klinik kam, ohne von seinem Computer aufzuschauen.

»Ich bin beim Volleyball umgeknickt.«

»Können Sie noch auftreten?« Er schrieb in seinen Computer und schaute noch immer nicht zu mir.

»Ja. Aber es schmerzt ziemlich.« Er sah von der Seite sehr jung aus, wirkte aber trotzdem routiniert, sogar fast gelangweilt. Und überarbeitet. Es war Sonntag und die Notaufnahme war voll, wer weiß, wann er das letzte Mal etwas gegessen oder gar geschlafen hatte. Es ist ja allgemein bekannt, dass Ärzte oft 24-Stunden-Schichten schieben müssen. Ich fühlte mich mit meinem Knöchel plötzlich fehl am Platz. Ich hätte den einen Tag auch noch warten können, dachte ich mir.

»Wann ist das passiert?«

»Gestern. Ich konnte deswegen die halbe Nacht nicht schlafen.« Er tippte noch etwas auf der Tastatur herum und dann drehte er sich mit den Worten »Dann sehen wir uns das mal an« zu mir um. Seine Augen sahen müde aus, er war wirklich überarbeitet. »Sie haben bestimmt viel zu tun im Moment«, versuchte ich ein lockeres Gespräch aufzubauen. »Momentan ist Urlaubszeit und viele Kollegen sind nicht da. Da gibt es etwas mehr pro Kopf zu tun«, antwortete er und lächelte mich an. Er war mir sympathisch, keine Frage.

Als er die Untersuchungen abgeschlossen, mich zum Röntgen geschickt und erneut aufgerufen hatte, saß ich wieder auf der Liege seines Behandlungszimmers. Er hatte sich zwischendurch die Haare gekämmt, das erkannte ich auf den ersten Blick. Er lächelte mich an und sagte: »Da haben Sie noch einmal Glück gehabt. Nur eine Verstauchung. Mit einem Verband und sparsamer Belastung für den Fuß sind Sie bald wieder fit.« Er flirtete mit mir. »Bald wieder fit? Heißt das, dass ich nächste Woche wieder joggen kann?« Ich blickte von meiner Liege auf, er stand direkt vor mir und hatte sich von dem Bildschirm mit meinen Fußknochen drauf abgewendet. »Die nächsten drei bis vier Wochen ist Sport tabu. Es sei denn, Sie haben einen Arzt dabei.« Das war bestimmt keine Standardantwort von ihm. Er wich keinen Schritt zur Seite und ich wendete meinen Blick nicht von ihm ab. »Leider habe ich keinen Arzt in meinem näheren Umfeld.« – »Was für ein Jammer. Könnte eigentlich nicht schaden.«

In diesem Moment kam leider eine Schwester herein und er trat einen Schritt zurück. »Machen Sie ihr bitte einen Voltaren-Verband.« Er reichte mir seine Hand und sagte: »Auf Wiedersehen. Und immer schön auf Ihre Gliedmaßen aufpassen.« Sein Lächeln war für einen kurzen Moment lüstern. Ich hätte die Schwester zu gern wieder rausgeschickt, aber sie war schon an meinem Knöchel zugange. Beim Rausgehen schaute er mich noch einmal über die Schulter hinweg an und zwinkerte mir zu. Er war sexy und ich überlegte, wie ich ihn schnell wiedersehen konnte. Vielleicht sollte ich am kommenden Wochenende doch joggen gehen, dann könnte ich mich erneut mit einem dicken Knöchel in den Warteraum setzen, dachte ich. Dann würde ich, zufällig natürlich, meine Telefonnummer hinterlassen.

Doch bis dahin hielt ich es nicht aus. Gleich, als ich humpelnd zu Hause angekommen war, saß ich recherchierend am Laptop. Ich versuchte, über die Seite des Krankenhauses seinen vollen Namen zu erfahren. Als es mir geglückt war, ging ich bei Facebook auf die Suche. Und siehe da, ich fand ihn auf Anhieb.

Meine Freundschaftsanfrage nahm er innerhalb von zwei Stunden an und dann hatte ich eine Nachricht von ihm im Postkasten.

Ich hätte mich gleich nach meinem Dienstende auch auf die Suche nach einem Profil von Ihnen gemacht. Wie geht es Ihrem Fuß?

Yes!, dachte ich und grinste meinen Laptop an. Ich hatte also seine Blicke nicht fehlinterpretiert.

Guten Abend Doc, haben Sie etwa schon Feierabend? Meinem Fuß geht es besser. Wobei … wenn ich genau darüber nachdenke …

Vielleicht könnten Sie noch einmal einen Blick darauf werfen?
Vielleicht haben Sie etwas übersehen?

Ich brauchte nur zehn Minuten auf eine Antwort zu warten.

Hausbesuche kann ich bei den Krankenversicherungen nicht ab-
rechnen ...

»Jetzt wirst du also frech«, flüsterte ich erfreut meinen Laptop
an. »Das kann ich auch.«

Muss ich Sie dafür etwa aus der eigenen Tasche honorieren?

Er war online, das konnte ich an seinem grünen Punkt erkennen. Er schien auf meine Antwort gewartet zu haben. Da kam
auch schon die Antwort rein.

Sieht so aus. Brauchen Sie eine Honorartabelle? Anbei ein Aus-
schnitt: Ein kurzer Blick auf den Knöchel: Latte macchiato. Ein
mittlerer Blick: Lunch. Ausführlicher Blick: Abendessen. Haus-
besuch: Wie beim ausführlichen Blick, zusätzlich mit anschließender
Nackenmassage. Alles Weitere Verhandlungsbasis.

Diese freche Art gefiel mir. Ich fand es sehr mutig, denn bei
einigen Frauen wäre diese direkte Art wahrscheinlich nicht gut
angekommen. Ich ließ meine Antwort eine Stunde auf sich warten.

Ich wähle den mittleren Blick im Anschluss an den Hausbesuch.

*

Eine Woche später stand er dann tatsächlich pünktlich vor meiner
Wohnungstür. Ohne Kittel und Stethoskop sah er wie ein ge-
wöhnlicher, aber dennoch attraktiver Mann aus, diesmal nur ohne
Augenringe und weniger gelangweilt als das letzte Mal, als ich ihn
gesehen hatte. Ich bat ihn herein und er übergab mir eine Flasche
Wein. »Ich habe in meinem Studium gelernt, dass Rotwein immer
hilft.« Ich hatte mir ein enges Kleid angezogen und nahm ihm
den Wein ab, natürlich darauf bedacht, ihm einen Blick in mein
Dekolleté zu ermöglichen. Es schien zu wirken, denn als ich ihn ansah, klebten seine Augen noch immer an meinen hochgeschnallten

Argumenten. Es funktioniert, dachte ich mir. Perfekt. »Wofür so ein Medizinstudium nicht alles gut ist … Ich hole die Gläser, das Wohnzimmer ist gleich links von Ihnen.« Ich hörte ihn schwer atmen, er war ein wenig aufgeregt. Als ich in das Wohnzimmer zurückkam, setzte ich mich neben ihn und gab ihm sein Glas. Wir sahen uns in die Augen, stießen an und er sagte: »Auf Volleyball …« – »… ohne den Sie heute nicht hier wären.« Er lächelte schief und sagte, bevor seine Lippen das Glas berührten: »Das wäre ein Jammer.« Er nahm einen Schluck und ließ mich nicht aus den Augen. Ich fühlte mich sexy unter seinem Blick und spürte meine Libido langsam aus ihrem Versteck hervorkommen. Er nahm mir mein Glas ab, stellte beide auf den Tisch, nahm mein Kinn mit zwei Fingern und zog mich langsam zu seinen Lippen heran. Mein Bauch kribbelte, er roch gut und seine Lippen waren weich. Er küsste mich erst zaghaft und wurde dann immer bestimmter. Es fühlte sich gut an. Er fühlte sich gut an.

Der Sex, den wir an diesem Abend hatten, war hervorragend. Er war dominant, zeigte mir ohne Umwege, wie er es haben wollte. Doch unsere Wege kreuzten sich kein zweites Mal. Warum? Weil ich es genauso gut fand, wie es war.

»Bis zum nächsten Sportunfall«, hatte er beim Abschied zu mir gesagt.

KURZ UND SCHERZLOS

Yulia (37), Versicherungsfachfrau, Heiligendamm, über
Janick (37), Regisseur, Köln/New York

Eine Kegelbahn. Wer sucht sich schon im Juli eine Kegelbahn für ein Klassentreffen aus?, dachte ich mir. Das schreit doch förmlich nach einem langweiligen Abend. Ich hätte mich für einen Beachclub oder so entschieden. Das konnte doch nur Michaela gewesen sein, grinste ich in mich hinein, als ich vor der Kegelbahn einen Parkplatz suchte. Von ihr hatte ich auch die Einladung zugeschickt bekommen.

Weil sich mir an diesem Abend keine Alternative bot, hatte ich den Entschluss gefasst, mich meinen alten Klassenkameraden nach 20 Jahren zu stellen. Und das, obwohl mich keiner der alten Leute ernsthaft interessierte.

Außer vielleicht Jacqueline, meine engste Freundin von damals. Aber von ihr hatte ich Jahre zuvor per Mail gelesen, dass sie mit dem vierten Kind schwanger und ihr Mann die ganze Woche auf Reisen – wahrscheinlich Montage – war. Ein spannendes Gespräch mit ihr schien mich deshalb nicht zu erwarten, wenn man nicht gerade Windeln und Rückbildungsgymnastik spannend findet.

Als ich in den dunklen Raum des Kegelkellers kam, waren schon nahezu alle da. Alle jubelten, als sie mich sahen, und Michaela hielt mir zur Begrüßung eine Teilnehmerliste unter die Nase. Ich grinste ferngesteuert vor mich hin und bereute schon bei dem ersten »Hallo«, dass ich überhaupt gekommen war. Manchmal ist es besser, seine Vergangenheit einfach hinter sich zu lassen, dachte ich mir. Erinnerungen sind immer schöner als die bittere Realität, erst recht nach reichlichen Jahren. Das ist mit Exfreunden genauso. Dieser Gedanke kam mir in dem Moment, als ich Jens, meinen Ex aus der zehnten Klasse, auf mich zukommen sah. Er sah schrecklich aus, schrecklich fett. Irgendwo zwischen seinen Ohren war doch mal ein Kinn gewesen, dachte ich bei einer – natürlich überfreudigen – Umarmung. Und der Hals war zusammen mit dem Kinn verschwunden. In Gedanken daran, ihm ein Suchplakat vorzuschlagen, traf mich förmlich der Schlag. Jacqueline, meine Supermami, kam durch die Tür und direkt auf mich zu.

Von wegen Windeln, sie war das blühende Leben. Schlanker und attraktiver als je zuvor stand sie vor mir, das konnte sie unmöglich mit Rückbildungsgymnastik geschafft haben. Eher mit zwei Stunden Fitness und Eiweißshakes jeden Tag.

»Jacqui, du siehst wahnsinnig gut aus!«, sagte ich und meinte es zur Abwechslung auch genau so. »Du aber auch, Yulia. Du siehst nicht so aus, als wären wir schon 20 Jahre mit der Schule fertig.« Das ging runter wie Öl. Ich setzte mich mit ihr zusammen an einen Tisch und wir bestellten uns einen Hugo, den sie natürlich nicht anboten. Also nahmen wir Weißwein und quatschten munter drauflos.

Es stellte sich heraus, dass ihr Mann Arzt ist und wegen seiner vielen OPs und Notdienste im Krankenhaus oft nicht da war, also nix mit Montage oder Lkw-Fahrer. Sie hatten ein Au-pair-Mädchen und eine Babysitterin, daher war genügend Freizeit für Sport, Hobbys und hochwertige Ehezeit mit ihrem Mann. Es ging ihr prächtig und so sah sie auch aus.

Fragen nach meinem Leben beantwortete ich ebenso freudig wie sie: Ich lebte gerade glücklich von meinem Langzeitfreund getrennt, hatte einen gut bezahlten, tollen Job und tat endlich alles, was mir seit Langem gefehlt hatte. Ich hatte zwei Affären – einen für die zärtlichen Stunden und einen für die Rammelnächte –, fuhr mit meinen Mädels übers Wochenende zum Wellness und hatte hier und da einen One-Night-Stand. In diesem Moment wäre mir beinahe das Glas aus der Hand gefallen: Janick stand neben uns und hielt uns zur Begrüßung die Hand hin. Jacqui schien ebenso perplex wie ich zu sein, denn sogar das kurze »Hi« kam stotternd aus ihrem hübschen Mund. Janick war zu Schulzeiten der Streber Nummer eins gewesen, keiner konnte ihn leiden. Es sei denn, die Hausaufgaben waren nicht gemacht gewesen, dann sah das anders aus. Haben wir nicht alle einen von dieser Sorte in der Klasse gehabt?

Janick hielt meine Hand zur Begrüßung etwas zu lange fest, er schien ebenso überrascht vom Aussehen des anderen zu sein. Ich gebe es zu, ich hatte mich mit den Jahren von einem schüchternen Mädchen zur toughen Geschäftsfrau entwickelt. Aber meine Veränderung war nicht so drastisch wie die von Janick.

Früher war er mit Seitenscheitel unterwegs, heute hatte er gestylte, zeitgemäße Haare. Seine Kleidung erinnerte mich an einen Hugo-Boss-Werbespot, früher an Steve Urkel. Sein Lächeln erinnerte mich an meinen gut aussehenden Rammler, den ich wöchentlich sah. Es war zum Dahinschmelzen. Seine Augen hatten den Sex eines Mannes, der ein erfolgreiches und erfülltes Leben führt. Ich bat ihn, sich zu uns zu setzen, worauf er schon zu warten schien.

Zwei Flaschen Wein und ein Tänzchen später beschlossen wir, die Nacht gemeinsam in seinem Hotelzimmer zu verbringen. Wir verabschiedeten uns von dem Klops, der nach wie vor kontrollsüchtigen Spießerin Michaela und den andern ehemaligen Klassenkameraden. Jacqueline würde ich in der kommenden Woche zum Joggen treffen. Es war bis dahin schon ein gelungener und vor allem unerwartet toller Abend gewesen.

Janick und ich fielen schon im Aufzug übereinander her. »Wer hätte das vor vielen Jahren gedacht …«, keuchte er mir zwischen zwei Küssen ins Ohr. »Ich als Allerletzte«, sagte ich und drückte meine Scham gegen seine.

Die Zimmertür fiel ins Schloss, da hatte er mir schon meine Bluse vom Leib gerissen, ich zog ihm sein Hemd stürmisch aus. Unsere Lippen begehrten die des anderen, unsere Hände konnten die Kleider nicht schnell genug vom Körper des anderen reißen.

Beinahe nackt zog er sich schon ein Kondom über und ich lud ihn mit meinen gespreizten Beinen ein, keine Zeit zu verschwenden. Er stieß ein kurzes »Oh ja« aus und drang bis zum Anschlag in mich ein. Ein erlösendes Gefühl machte sich in mir breit. Er stöhnte laut. Zu laut für meinen Geschmack, aber jedem das Seine. Doch dann hielt er inne und krächzte. Ausgiebig. Und er zuckte. Ich bewegte mein Becken weiter, doch er hielt weiter inne.

War er etwa schon fertig?, stutzte ich. »Oahhh, was für ein geiles Gefühl«, sagte er. Hä?, schoss es mir durch den Kopf. Es sollte doch erst noch richtig geil werden.

Er zog sich aus mir zurück, sagte »Wow«, streifte sich sein Kondom ab und entsorgte es. Ich lag noch immer schwer atmend vor Aufregung da und wartete auf die Fortsetzung, Runde zwei sozusagen. Ich nahm es sogar als Kompliment, dass er vor scheinbar überschäumender Lust auf mich so schnell gekommen war. Doch anscheinend war ich allein mit der Lust auf eine weitere Runde.

Er sagte: »Du kannst ruhig bleiben, dann frühstücken wir morgen noch zusammen«, drehte sich um und murmelte ein »Jetzt bin ich aber müde. Willst du noch ins Bad?« vor sich hin. Als er sich von mir wegdrehte, kratzte er sich – zur Krönung – auch noch am Arsch. Ich konnte es kaum fassen und überlegte, ob es so etwas wie einen Sexgott gibt. Wenn ja, würde er mich gerade für weiß der Himmel was bestrafen.

Ich schnappte mir meine auf dem Boden verteilten Sachen, sagte: »Danke, darauf verzichte ich genauso wie auf meinen Orgasmus« und ging.

Ich nahm mir, wieder im Aufzug stehend, vor, meinen Mr. Ich-rammel-dich-die-ganze-Nacht-durch anzurufen und mir alles Entgangene bei ihm abzuholen. Und zwar ohne Umwege.

DER 5. ONE-NIGHT-STAND

EINE MINUTE FREIER FALL

Charlotte (31), Zahnarzthelferin, Berlin,
über
Mario (33), Fallschirm-Guide, Neubrandenburg

Das Flugzeug hob laut ratternd ab. Es fühlte sich ganz anders an als in den mir bekannten Linienmaschinen. Es gab im Innenraum keine Sitze, nur viele Karabinerhaken, Seile und ähnliche Befestigungen. Ich saß auf dem Boden, Mario saß neben mir und machte mit seinen Kollegen Witze über das Wetter und die Sprungverhältnisse an diesem herrlichen Maitag. »Bei diesem tollen Wetter kann man auch nackt springen«, scherzten sie und lachten. Schön wär's, dachte ich. Mario hätte ich gern so betrachtet.

Mir ging ordentlich die Muffe. Ich hatte ein Geschirr um meinen Körper geschnallt, wie ich es bislang nur von Hunden kannte. Doch für jede einzelne Leine war ich dankbar, mit ihnen fühlte ich mich wenigstens etwas sicherer. So sicher, wie man sich fühlen kann, wenn man weniger als zehn Minuten später aus dem Flugzeug springen wird.

Das alles hatte ich meiner besten Freundin Sina zu verdanken. Sie hatte mir zu meinem 30. Geburtstag einen Fallschirmsprung mit den Worten »Du musst endlich mal was Verrücktes machen« geschenkt.

Und dann saß ich schon wenige Wochen später zitternd vor Aufregung in dem Flugzeug und kam nicht mehr raus aus der Nummer. Hätte Mario nicht so sexy ausgesehen, wäre ich wahrscheinlich gar nicht erst in das Flugzeug eingestiegen. Doch schon bei den Trockenübungen am Boden hatte jede seiner Berührungen heftiges Kribbeln in meinem Bauch ausgelöst. Und seinem Blick nach zu urteilen, konnte er sich auch schlechtere Tandempartner vorstellen.

Sina kennt mich einfach zu gut. Sie hatte schon vor meinem Geburtstag diesen Termin fest ausgemacht – ich selbst hätte nämlich niemals angerufen – und saß nun mit einem Cocktail in der Hand frech grinsend unten auf dem Flugplatz. Dafür würde ich mir etwas Gleichwertiges einfallen lassen, schwor ich mir. Gibt es Rodeo eigentlich auch in Deutschland?

»So, Charlotte, nun komm mal näher ran. Gleich sind wir auf Sprunghöhe.« Mit diesen Worten holte Mario mich aus meinen

Rachegedanken zurück in die Klapperkiste. Dabei lächelte er mich so verschmitzt an, als würde er mich jeden Moment verführen wollen. Und ich hätte nichts dagegen gehabt.

Mario sah aus, als wäre er einem Dokumentarfilm über sexy Surfer in Miami entsprungen. Blonde, etwas längere Haare, trainierter Körper und ein Lächeln, mit dem er es in jede Zahnpastawerbung schaffen würde. Er trug eine Kette, an der ein Fallschirm aus Silber hing. Seine Haut war leicht gebräunt und seine Gesichtszüge weich. Aber was mich am meisten beeindruckte, war, dass er absolute Entspanntheit ausstrahlte. In seiner Nähe fühlte ich mich einfach wohl.

Ich rückte zu ihm rüber und spürte langsam, aber sicher die Aufregung in meinem Magen ankommen. Mir wurde flau. Er rückte näher an mich heran, prüfte erneut meine Gurte und sagte: »Jetzt mache ich uns fest. Bist du schon aufgeregt?« Ob ich aufgeregt war? Ich würde wahrscheinlich in wenigen Minuten spontane Inkontinenz bekommen und zum ersten Mal Tena Lady brauchen, dachte ich, aber sonst war alles okay.

Ich antwortete: »Ich dachte, ich wäre nervöser. Aber es geht gerade. Wie oft machst du das eigentlich?« – »Ich springe ungefähr 30 Mal im Monat, aber man gewöhnt sich trotzdem nicht daran«, sagte er und ich konnte sein Lächeln im Nacken spüren. Ich bekam Gänsehaut.

Er nahm seine Hände an meinen Po – ich hielt die Luft an, so toll fühlte es sich an – und hob mich auf seinen Schoß. Es kribbelte heftig in meinem Bauch und ich spürte, wie ich rot anlief. »Wir müssen ganz dicht zusammen sein. Also nicht wundern.«

Schon allein, um auf seinem Schoß zu sitzen, hatte sich diese Tortur gelohnt.

Er fummelte gerade noch an einigen Schnallen herum, da ging wenige Meter vor mir die Heckklappe des Flugzeugs auf.

Es war furchtbar laut, der Wind pfiff in die Maschine und ich bekam Panik. Lass dir jetzt bloß nichts anmerken, ermahnte ich mich selbst. Und eh ich mich versah, standen wir auch schon an der offenen Tür. Vor mir war nichts, außer der Tiefe und ein paar Wölkchen. Meine Gedanken überschlugen sich: Wir sind sogar über den Wolken? Oh Gott, ist das hoch … das kann man niemals überleben … da springe ich auf keinen Fall raus … Mama, hilf mir … ich bewege mich keinen Zentimeter mehr …

»Zieh deine Beine an und lass dich einfach hängen. Ich halte dich. Und dann zähle ich bis drei«, sagte Mario und ich befolgte wie ferngesteuert seine Anweisung.

»Eins …«

»Ich glaube, ich kann das nicht …«

»Zwei …«

Und dann fielen wir aus der Tür.

Ich konnte nicht atmen. Ich riss meine Augen weit auf. Wir beschleunigten so schnell, dass ich mich nicht bewegen konnte. Mario schrie triumphierend und jubelte in den Himmel hinein. Bei mir wechselten sich Panik, Adrenalin und Faszination ab. Wir rasten auf den Boden zu, die strömende Luft flutete meine Nase. Mein Gefühl für Zeit war verschwunden, ich hangelte mich von einem Atemzug zum nächsten. Ich wollte etwas sagen, aber es ging nicht. Es fühlte sich an, als wollte mein Herz aus meiner Brust springen, so schnell schlug es. Die Haut in meinem Gesicht flatterte, als hätte ich viel zu viel davon. Mir kamen die Tränen. Vor Glück und vor Fassungslosigkeit, ich war einfach überwältigt. Der freie Fall dauerte eine Ewigkeit. Es war die längste und aufregendste Minute meines Lebens.

Er klopfte mir auf die Schulter, was mir sagen sollte, dass er den Schirm öffnen wird. Und schon im nächsten Moment bremsten wir mit einem Ruck stark ab. Das war also der Fallschirm, dachte ich. Er ist da. Und aufgegangen. Intakt. Das ist schon mal gut.

Wir segelten verhältnismäßig langsam dem Boden entgegen und ich genoss die Landschaft, die aus der Höhe atemberaubend schön aussah.

Nachdem ich mich einigermaßen gesammelt hatte, fand ich auch wieder zu meiner Sprache zurück. »Oh Gott. Das ist verrückt. Ich spüre meine Beine nicht mehr. Ach was, ich spüre gar nichts mehr.« Er lachte nur und streichelte mir über meine Arme. »Das Gefühl ist einmalig, oder?«, fragte Mario so relaxt, als ob er gerade aus einer Massagebehandlung gekommen wäre. »Es ist unbeschreiblich.« Mehr fiel mir dazu nicht ein.

Als Sina und ich eine Stunde später im Auto saßen, schaute ich in den Spiegel. Meine Haare waren zerzaust, meine Wimperntusche à la Jack Sparrow und meine Wangen knallrot. Sina grinste mich an und sagte gar nichts. Ich auch nicht. Meine Gefühle spielten immer noch verrückt und ich konnte kaum fassen, was in den letzten Stunden passiert war. Als wir an einer Ampel anhielten, kramte Sina einen Zettel aus ihrer Tasche. »Die habe ich dir besorgt«, sagte sie triumphierend und grinste mich frech an. Darauf stand eine Handynummer und ich schaute sie fragend an.

»Marios Nummer«, sagte sie und fuhr wieder an. »Wie hast du die denn rausbekommen? Und warum?«, fragte ich voller Verwunderung und heimlicher Freude, die ich mir aber nicht anmerken lassen wollte. »Meinst du etwa, ich hab nicht bemerkt, wie toll du ihn findest? Und da du dich niemals getraut hättest, ihn selbst danach zu fragen, habe ich das eben für dich übernommen.« Ich lehnte mich zu ihr rüber und gab ihr einen Kuss. »Du bist die Beste …«« – »Ich weiß. Und du solltest dich auf sein Gesicht setzen. Er ist heiß …«« Ich liebe sie einfach dafür.

Eine Woche später. Ich hatte gekocht. Risotto. Es klingelte.

Mario und ich hatten seit unserem Sprung wenige, aber dafür eindeutige SMS geschrieben. Wir hatten kein Geheimnis daraus gemacht, dass wir uns anziehend fanden.

Mario kam die Treppe hoch und sah einfach nur sexy aus. Ich hatte schon zwei Gläser Weißwein in der Hand und wir stießen gleich im Flur an. Er lächelte sein bezauberndes Lächeln und ich schmolz innerlich dahin. Ich ging in die Küche und machte letzte

Handgriffe, er ging ins Bad. Ich hörte den Wasserhahn laufen. Und es hörte nicht auf zu laufen. Nach einigen Minuten – das Essen stand fertig auf dem gedeckten Tisch – überlegte ich, was er da die ganze Zeit machte.

Dann hörte ich ihn meinen Namen rufen. Ich ging zur Badezimmertür und fragte: »Mario? Ist alles okay? Oder kann ich dir irgendwie helfen?«

»Ja, kannst du. Komm rein …«, hörte ich ihn sagen und war etwas verwundert darüber.

Ich machte die Tür auf, das Licht war aus und Mario in der Badewanne. Ich lachte kurz, verkniff mir jedoch jegliche Fragen. Das war eindeutig.

»Du bist genauso verrückt wie dein Job«, sagte ich lachend und ging die Kerze holen, die ich schon auf dem Tisch für unser Dinner angezündet hatte.

Wieder im Bad, stellte ich die Kerze auf das Fensterbrett. Dann zog ich mich langsam aus und genoss es, wie mich Mario dabei beobachtete. Er hatte ein leichtes Lächeln auf den Lippen und seine Augen machten mir ein Kompliment nach dem anderen. Inwieweit er ausgezogen war, konnte ich wegen des vielen Schaumes in der Wanne nicht erkennen. Aber ich war mir sicher, dass er nichts mehr anhatte. Wir wollten beide dasselbe. Da gab es auch nicht mehr viel zu sagen.

Als ich nur noch in Dessous vor der Wanne stand, reichte er mir seine Hand und holte mich zu sich ins Wasser. Entgegen meiner Art war ich kaum aufgeregt, vielmehr voller Vorfreude. Meine Schüchternheit war wie weggeblasen. In seiner Gegenwart fühlte ich mich hübsch, begehrt und selbstbewusst. Durch den Fallschirmsprung war mein Vertrauen zu ihm so stark, dass ich fast alles mit ihm gemacht hätte.

Das Wasser war schön warm. Ich legte mich ihm gegenüber und unsere Beine überkreuzten sich. Noch nie war ich so froh, eine extragroße Badewanne zu haben.

Wir lagen einige Minuten nur da, schauten uns in die Augen und lächelten uns an. Ich konnte es kaum glauben. Ich hatte mir für den Abend verschiedene Szenarien ausgemalt. Aber dieses war nicht dabei gewesen.

Dann beugte er sich nach vorn, glitt mit seinen Händen meine Oberschenkel entlang und hielt an meinen Hüften an. Mir wurde ganz heiß, nicht nur wegen des Wassers. Die Luft schien zu knistern, die erotische Spannung erfüllte den Raum. Ich setzte mich hin und unsere Lippen waren nur noch wenige Zentimeter voneinander entfernt. Ich konnte seinen ruhigen Atem spüren. Mit seinen Händen fuhr er nun langsam meinen Rücken hoch, bis zu meinem BH. Er öffnete ihn in wenigen Sekunden und warf ihn aus der Wanne. Mein Busen ragte halb aus dem Wasser und Mario sah sich meinen Oberkörper an. Er griff in meine Taille und zog mich näher an sich heran. Ich konnte seinen Ständer durch meinen nassen Slip erahnen und das machte mich so an, dass ich leise aufstöhnte. Mario hielt mich mit einer Hand am Rücken fest, mit der anderen erforschte er meinen Busen und ich konnte nicht anders, als ihn endlich zu küssen. Seine Lippen waren weich, seine Zunge vorsichtig.

Ich spürte, wie er alles, was er tat, genoss. Wir wollten uns in dieser Situation Zeit lassen und nicht wild übereinander herfallen. Obwohl mir das ziemlich schwerfiel.

Ich glitt langsam und forschend mit meinen Fingerspitzen über seine Brust, seine Schultern und an seinen muskulösen Armen entlang. Der Druck seiner Hände auf meiner Haut wurde langsam stärker und auch sein Atem wurde schneller. Die bislang leichte Feuchte in meinem Slip wurde von Nässe abgelöst. Ich wollte ihn einfach nur noch in mir spüren. Aber so weit waren wir noch nicht.

Seine Zunge wurde fordernder, seine Hand griff an meinen Po und zog mich, so dicht es ging, an sich heran. Meine Beine waren gespreizt, angewinkelt und ich umschloss ihn leicht mit ihnen. Sein Ständer drückte gegen meine Klit und einzig der Slip verhinderte, dass ich mich mit einer kleinen Bewegung auf ihn setzen konnte.

Das machte mich fast verrückt und ich griff mit beiden Händen an seinen steifen Schwanz. Ich massierte ihn mit aller Leidenschaft und es fühlte sich toll an. Sein leises Stöhnen sprach Bände.

Er küsste meinen Hals und zart biss er mir ins Schlüsselbein. Ich massierte ihn langsam, aber kräftig. Mit einer Hand glitt ich zwischendurch zu seinen Hoden und massierte sie vorsichtig, was er mit einem leidenschaftlichen Stöhnen kommentierte. Dann spürte ich, wie sehr meine massierenden Hände Wirkung zeigten. Ich ließ ab und gewährte ihm eine kleine Pause. Unsere Zungen spielten miteinander, er küsste unfassbar gut. Alles an ihm fühlte sich gut an.

Ich lehnte mich etwas zurück, damit er meine Brüste liebkosen konnte. Als er sich über mich beugte, spürte ich wieder seinen Schwanz an meiner nassen Spalte. Ich dachte kurz daran, den Slip einfach beiseitezuschieben, aber das Gefühl des ausgedehnten Vorspiels wollte ich noch ein wenig genießen. Ich lag auf dem Rücken, mein Oberkörper ragte aus dem warmen Wasser und ich umschloss Marios Unterleib nun fester mit meinen Beinen. Er biss leicht in meine Nippel und ich spürte, wie sehr ich mich in seinen Armen fallen lassen konnte. Ich genoss jede seiner Berührungen und ich ließ keinen Zentimeter an seinem Körper aus, den ich mit meinen Händen erreichen konnte.

Dann ließ er kurz von meinen Nippeln ab und schaute mir tief in die Augen. Mit seiner rechten Hand fuhr er meinen Bauch hinab und streifte über meinen Slip. Er nahm ihn beiseite und drang mit zwei Fingern in mich ein. Er schaute mir dabei zu, wie ich stöhnend meine Augen schloss und mich ihm entgegenreckte. Er begann, langsam meinen G-Punkt zu massieren, und ich konnte meine Gefühle kaum kontrollieren. Innerhalb weniger Minuten spürte ich einen gewaltigen Orgasmus heranrollen. Er nahm, kurz bevor ich kam, seine Finger aus mir, streichelte kurz meine Klit und lächelte mich an. Mein Slip war noch beiseitegeschoben und dann tat ich es einfach.

Ich setzte mich auf ihn und spürte, wie er feucht in mich glitt. Ich blieb einfach sitzen und bewegte mich nicht. Sein Atem zeigte mir, dass er so erregt war wie ich. Ich küsste ihn voller Leidenschaft und hielt auf ihm sitzend still. Wir umschlangen uns mit unseren Armen, unsere Oberkörper waren aneinandergedrückt und ich fing langsam und intensiv an, ihn zu reiten. Ich warf meinen Kopf in den Nacken und spürte ihn so intensiv in mir, dass ich es kaum aushielt.

Sekunden später kam ich heftig, laut und intensiv.

Und wenige Minuten später noch einmal, diesmal mit ihm zusammen. Es war unbeschreiblich.

Das Risotto schmeckte nachts um eins auch kalt noch sehr gut. Und das Dessert – diesmal im Bett – bis in die Morgenstunden noch viel besser.

WAS DU HEUTE KANNST BESORGEN ...

Jenny (27), Investmentberaterin, Hannover,
über
Ivo (31), Werbefotograf, Villingen

Ich hatte ihn gleich am ersten Abend meines Sommerurlaubs in Griechenland vor drei Jahren entdeckt. Er stand mit einigen Freunden an der Bar und lächelte, lachte und sah dabei einfach nur sexy aus. Selten hatte mich ein Mann schon vom ersten Moment an fasziniert. Dabei hatte ich am Tag meiner Anreise ganz andere Sachen im Kopf.

Ich hatte im Flugzeug nämlich den Sitzplatz-Jackpot gelandet. Mein Sitznachbar hatte drei ausgeprägte Hobbys gehabt: Schwitzen, penetrant nach Knoblauch stinken und nochmals Schwitzen. Und als ob das nicht schon genug gewesen wäre, hatte er die ganze Flugzeit über (die mir gleich noch um Stunden länger vorgekommen war) versucht, mir ein Gespräch aufzudrängen. Das Knoblauch-Schweiß-Vergnügen war damit komplett gewesen und meine Stimmung weit unter Tage.

Als ich endlich alles überstanden hatte und mir als Abschluss des Tages eigentlich nur noch an der Bar mit Mai Tai die Kante geben wollte (mit einem noch klammen Ärmel als Souvenir von Mr. Schweiß), konnte ich nur noch *ihn* anstarren. Mein ganzer Groll über die verkorkste Anreise war verflogen.

Und zu meiner Freude erweckte auch ich schnell seine Aufmerksamkeit. Er warf mir das ein oder andere verschmitzte Lächeln zu und ich konnte an nichts anderes mehr denken, als ihn so schnell wie möglich kennenzulernen.

Meinen beiden Freundinnen waren meine Blicke nicht verborgen geblieben und sie schlossen schon Wetten ab, ob Mr. Ausstrahlung und ich in den kommenden sieben Tagen unseres Urlaubs im Bett landen würden. Jessi wettete dagegen, Miriam setzte auf den dritten Urlaubstag. Und ich hoffte, dass Miriam recht behalten würde. Denn schon beim puren Blickkontakt zwischen uns sah ich vor meinem inneren Auge eine Großpackung aufgerissener Kondome und ein zerwühltes Bett. Mein Schritt reagierte ziemlich eindeutig auf meine Gedanken und erfreute sich seit Langem wieder einer intensiven und freiwilligen Feuchtigkeit.

Zuversichtlich stimmte mich seine ausschließlich männliche Begleitung. Sie waren fünf Männer und es war keine einzige Frau in Sicht. Was für ein Volltreffer. So sollte immer der erste Urlaubstag beginnen, dachte ich mir. Und vielleicht war einer seiner Freunde auch was für meine beiden Mädels. Das wäre doch perfekt.

Am nächsten Morgen ging ich in aller Frühe joggen. Und am Strand lief Ivo, wie er sich mir vorgestellt hatte, mir dann auch schon über den Weg. Er war gerade fertig mit seinem Morgenlauf und machte Dehnübungen, als ich die Gelegenheit beim Schopfe packte und ihn ansprach: »Guten Morgen. Kannst du mir eine gute Joggingstrecke empfehlen?« Sein Lächeln war atemberaubend schön. »Ja, sehr gern.« Und schon waren wir im Gespräch. Ich versuchte, dabei so verführerisch zu lächeln, wie es morgens um sieben möglich war. Aber es schien geklappt zu haben, denn wir verabredeten uns für den Abend auf einen Drink in der Diskothek des Hotels.

Ich joggte eine kleine Runde am Strand und dachte an ihn. Seine Stimme passte genau zu seinem Äußeren, männlich und ein wenig dominant. Genauso mag ich es. Ein Mann muss wissen, was er will, und das auch ausstrahlen. An diesen Punkt konnte ich eindeutig einen Haken machen.

Körper? Sieht unter den Klamotten trainiert aus. Nicht zu viel und nicht zu wenig. Zwar hatten unter seinem Achselshirt einige Brusthaare hervorgelinst, aber das war nicht weiter wild. Also, Haken dran!

Ausstrahlung? Haken mit Sternchen! Bis jetzt lief es prima für mich und Miriam hatte gute Chancen, die Wette zu gewinnen.

Und wenn er beim Thema Intelligenz und Humor keinen Haken bekommen würde, dann könnten wir diese Punkte einfach überspringen und zum interessantesten Teil übergehen: der Körpersprache. Im wahrsten Sinne des Wortes. Das Sprichwort *Dumm fickt gut* gilt meiner Meinung nach übrigens auch für Männer. Manchmal.

Abends ging ich zur Bar, holte zwei Mojito, ging mutig und mit leicht zitternden Händen zu ihm und sagte: »Damit wir morgen früh wieder einen Grund zum Abtrainieren haben« und hielt ihm grinsend den Cocktail hin. »Mit Mojito triffst du genau meinen Geschmack. Aber du hast ja nichts zum Abtrainieren, auch wenn du noch 20 Cocktails trinkst«, sagte er mit einem verschmitzten Lächeln. Ich und nichts zum Abtrainieren?

Ein Häkchen für Humor bekam er auch.

Wir wandten uns ein wenig von seinen Kumpels ab und ich blickte kurz zu meinen Mädels rüber, die wie Zoobesucher vor dem Affengehege zu uns rübergafften und leise kicherten.

Wir unterhielten uns angeregt und immer wieder hielten wir kurz inne, tranken einen Schluck und schauten uns flirtend in die Augen. Zwischen uns sprühten dermaßen die Funken, dass der Raum taghell erleuchtet hätte sein müssen, wenn sie zu sehen gewesen wären. Ich hatte ein leichtes Kribbeln im Bauch und konnte nicht genau sagen, ob es meine Lust auf Sex war, die sich bemerkbar machte, oder ob ich mir tatsächlich mehr als einen Urlaubsflirt (bzw. -fick) vorstellen konnte.

Mit der Zeit fiel mir auf, dass er sich immer wieder umdrehte und von einem seiner Freunde erst bittere und dann richtig fiese Blicke zugeworfen bekam. »Was hat er denn?«, fragte ich ganz direkt.

»Komm, wir gehen kurz raus, dann erzähle ich es dir«, sagte er etwas leiser als zuvor. Das klang gar nicht gut und könnte ein erster Haken sein, den ich nicht bedacht hatte. Wehe, er erzählt mir, dass er sein Freund ist, dachte ich mir.

Ich folgte ihm Richtung Tür und konnte dabei einen Blick auf seinen knackigen Arsch werfen. Ich wollte am liebsten gleich reingreifen.

Kaum waren die Türen hinter uns verschlossen und wir allein, guckte er mich umwerfend sexy an und zog mich an sich. Er küsste mich so unfassbar leidenschaftlich, dass mein Schritt augenblicklich zu pulsieren begann. Seine Hände glitten von meiner Taille zu meinem Po und langsam wieder rauf, seine Zunge spielte geschickt mit meiner. Ich wollte ihn. Sofort. Meiner Leidenschaft einfach freien Lauf lassen und mich ihm vollkommen hingeben. Genauso küsste ich ihn auch. Willig und fordernd.

Ich wollte seine Hüfte gerade noch näher an mich heranziehen, als er von meinen Lippen abließ und leise sagte: »Oh Gott, das fühlt sich so gut an. Du bist der Wahnsinn.«

Ich keuchte: »Seit gestern Abend, als ich dich zum ersten Mal gesehen habe, wollte ich das hier tun« und kam seinen Lippen wieder näher. Ich wollte mehr. Viel mehr. Doch er ließ sich nicht küssen.

Er sagte: »Ich möchte ehrlich zu dir sein.« Ich schluckte. Bitte sag jetzt nichts, was meine Spalte wieder trocken wie die Sahara werden lässt, betete ich insgeheim.

»Der Typ da drin ist der Bruder meiner Freundin.« Kurze Pause. Die brauchte ich auch. »Er muss normalerweise nicht auf mich aufpassen. Ich bin immer treu gewesen. Aber du …« Und schon hatte ich wieder seine Lippen auf meinen. Innig küsste er mich und ich ließ mich nicht davon abbringen, es ihm gleichzutun, Freundin hin oder her.

Obwohl es mir schwerfiel, mich zu konzentrieren, dachte ich darüber nach, was er gesagt hatte. Er hat eine Freundin. In Ordnung. Kein Problem für mich. Oder doch? Er hat es mich ja gleich wissen lassen und mir nichts vorgemacht. Und was ist schon dagegen einzuwenden? Er wohnt sowieso weit weg und alles andere als ein Urlaubsflirt wäre wahrscheinlich eh nicht daraus geworden.

Ich löste mich von seinen Lippen, jedoch nur um ihm zu sagen, dass ich trotzdem nichts gegen ein Abenteuer einzuwenden hätte.

»Okay«, sagte er, »dann treffen wir uns hier in einer halben Stunde wieder.« Meine Libido machte vor Freude einen Hüpfer und ich beschloss, mich kurz frisch zu machen und den Mädels Bescheid zu geben, dass sie den Abend ohne mich feiern müssten. Nachdem ich in meinem Zimmer meine Rasur an allen Stellen

gecheckt, schwarze Dessous angezogen und einen Kaugummi genommen hatte, machte ich mich mit Kondomen in der Tasche auf
den Weg zum Treffpunkt. Mein Bauch kribbelte ein wenig und ich
machte mir keine Gedanken darüber, was er mir kurze Zeit zuvor
über seinen Beziehungsstatus verraten hatte.

Ich lief durch den weitläufigen Park in Richtung des Haupt-
hauses und genoss das leichte Kribbeln der Vorfreude im Bauch.

Auf halber Strecke spuckte ich in hohem Bogen meinen Kaugummi in die Büsche, denn kaum etwas ist beim Küssen so un-
erotisch wie ein Kaugummi. Plötzlich fing jemand hinter mir an,
zu lachen. Ich fühlte mich ertappt und erhöhte mein Tempo, um
schnell und hoffentlich unerkannt zu fliehen.

»Jenny«, rief eine männliche, tiefe Stimme. Oh nein, dachte ich,
bitte lass das nicht ausgerechnet Ivo sein. »Jenny.« Er war es doch,
verdammt. Ich drehte mich um und spürte, wie ich rot anlief.

»Ich habe früher mit meinen Brüdern jeden Sommer
Kirschkernwettspucken veranstaltet. Du hättest uns alle drei in
die Tasche gesteckt«, sagte er und konnte sich ein schelmisches
Grinsen nicht verkneifen. »Ich wusste nicht, dass jemand hinter
mir ist«, sagte ich und zog vor Verlegenheit beide Augenbrauen
hoch. Er ließ das unkommentiert stehen, nahm mich an der Hand
und wir gingen in Richtung Strand. Vor meinem inneren Auge
sah ich uns schon wild im Mondschein im Sand herumwälzen,
als er mich plötzlich in die Backstageräume des Freilufttheaters
zog. Als sich meine Augen an die Dunkelheit gewöhnt hatten,
sah ich schemenhaft Stühle, Tische, Garderoben, Perücken und
viele andere Accessoires, die die Animation für die allabendlichen
Shows brauchte.

Er blieb vor einem Tisch stehen, zog mich an sich heran und
küsste mich. Wir sprachen kein Wort mehr, ließen unsere Körper
stattdessen miteinander sprechen. Ich fuhr mit meinen beiden
Händen seinen Rücken entlang, von den Schultern bis zum Po –
der versprach, sehr knackig zu sein – und wieder über den Rücken

nach oben bis hin zum Nacken. Er hielt mich mit beiden Händen an meiner Taille fest, zog mich näher an sich heran und ließ mich spüren, wie erregt er war. Unsere Zungen spielten mal wild, mal ganz zart miteinander. Seine Leidenschaft ließ meine Knie zittern und ich spürte, wie es in meinem Schritt ganz heiß wurde. Er nahm mich hoch und setzte mich auf den Tisch hinter mir. Ich spreizte meine Beine, mein Rock rutschte bis zu meinen Pobacken hoch, ich zog ihn an mich und sein steifer Schwanz war deutlich an meinem Slip zu spüren. Ich hätte ihn am liebsten sofort in mich hineingedrückt.

»Ich will dich«, flüsterte ich und meinte es auch genauso. Ich wollte mit ihm schlafen. Ich wusste nichts von ihm, außer dass seine Freundin zu Hause auf ihn wartete und sein ahnungsvoller Schwager einige Meter weiter so gar nicht erfreut war. Doch das alles störte mich – entgegen meiner sonstigen Einstellung – ganz und gar nicht. Ich hatte meine Moralvorstellungen anscheinend am Flughafen auf dem Gepäckband vergessen. Ich sollte sie öfter vergessen, wenn es mir jedes Mal solch einen tollen Mann in meine Arme treibt, dachte ich mir.

»Wie gern würde ich jetzt die ganze Nacht mit dir verbringen«, antwortete er stöhnend, glitt dabei mit einer Hand unter mein enges Shirt und umfasste meinen Busen, »doch leider muss ich gleich zurück zu den anderen. Sonst fällt es zu sehr auf.«

Wollte er mich etwa so nass wie einen unausgewrungenen Waschlappen hier zurücklassen? Ohne Orgasmus?

Ich wollte keine Zeit verlieren und machte mich an seiner Gürtelschnalle zu schaffen, als er zart meine Hand festhielt und mir ins Ohr flüsterte: »Du bist verdammt heiß, ich bin verrückt nach dir. Aber jetzt muss ich leider los.« Dann streichelte er mir über meinen Bauch bis runter zu meinem feuchten Slip, rieb kurz an meiner Klit, strich wieder hoch, nahm dann mein Gesicht in seine Hände und küsste mich zart und gefühlvoll. Er bremste unsere überschäumende Leidenschaft gekonnt aus. Aber da hatte er die

Rechnung ohne mich gemacht. Er sagte zwar noch: »Aber aufgeschoben ist ja bekanntlich ...«, doch ich ließ ihn nicht ausreden und drückte meine Lippen auf seine. Dabei glitt ich mit einer Hand fordernd über seinen Schritt. Sein Penis schien bei genauerem Tasten eine stattliche Größe zu haben und ganz meiner Meinung zu sein. Er zog scharf die Luft durch seine Lippen und ich spürte, dass ich ihn mit dieser Geste erfolgreich ärgerte. »Morgen nach dem Frühstück bin ich für zwei Stunden allein beim Fitness, holst du mich dort ab?«, fragte er mit einem Zwinkern. Ich lächelte ihn verführerisch an und nickte kurz. Ein letzter Kuss, dann ging er und ließ mich mit viel Lust und Begierde zurück.

Am nächsten Morgen hatte er eine Nachricht für mich an der Rezeption hinterlassen. *Mein Flug wurde leider von heute Abend auf heute früh um acht vorverlegt. Ruf mich an, sobald du wieder in Deutschland bist. Ich will dich unbedingt wiedersehen.*

Miriam hatte die Wette verloren. Aber nur ganz knapp.

Was ich gelernt habe?

Papa hatte immer recht: Was du heute kannst besorgen, das verschiebe nicht auf morgen! In jeglicher Hinsicht.

ZWISCHEN-LANDUNG IN ATHEN

Christina (22), Flugbegleiterin, Frankfurt,
über
Ben (30), Copilot, München

Als Springer musste ich seit Beginn meiner Flugbegleiterlauf-bahn für kranke oder beurlaubte Kollegen einspringen und auf Kurzstreckenflügen innerhalb Europas aushelfen. Normaler-weise sind die Teams auf den Flügen fest eingeteilt. Aber meine offene und lockere Art hat mir dabei geholfen, mich schnell in die bestehende Gruppe einzufinden und den fehlenden Part gut zu ersetzen.

So auch vor wenigen Jahren, als ich als Springer für einen Flug von Frankfurt nach Athen eingesetzt wurde.

Ich kam im Flugzeug dazu, als die restliche Crew gerade mit den Vorbereitungen in der Küche anfangen hatte. Ich begrüßte alle Kolleginnen herzlich und hatte gleich das Gefühl, dass wir auf einer Wellenlänge waren.

Dann war ich bei dem Piloten angekommen, gab auch ihm die Hand und stellte mich vor. Dem Copiloten, er hieß Ben, gab ich auch die Hand, nur bei ihm hätte ich sie gern um einiges länger geschüttelt. Wir sahen uns an und dachten wohl beide dasselbe: Wow. Das kann ja ein angenehmer Flug werden, schoss es mir durch den Kopf.

Drei Stunden später – der Service war absolviert und die Landung stand kurz bevor – machte ich mir Gedanken über den Abend. Wir alle würden in Athen übernachten und am nächsten Tag erneut ins Flugzeug steigen. Ich fragte alle Begleiterinnen, ob sie im Hotel noch Lust auf einen Drink hätten. Die Pursette, die Chefin von uns allen, verneinte, doch sie sagte, ich solle mal im Cockpit nachfragen. Das kam ja wie gerufen. Also stand ich nur eine Minute später dort und fragte den Piloten und natürlich mit großer Hoffnung auch den Copiloten: »Hat später im Hotel noch jemand Lust auf einen Drink? Die anderen Mädels wollen alle ins Bett gehen.«

Der Captain grinste, schaute Ben an und sagte: »Ach, ich gehe auch lieber gleich ins Bett, wenn wir angekommen sind.« Yes, dachte ich. Jetzt war Ben dran. Und darauf musste ich nicht lange warten. Er sagte mit einem zufriedenen Lächeln: »Ich wollte noch zum Strand gehen. Das Wetter in Athen soll hervorragend sein. Gehen wir zusammen?« Innerlich machte ich einen Luftsprung, doch davon ließ ich mir nicht viel anmerken. Ich antwortete mit einem kurzen »Gern« und ging wieder raus. Besser hätte es nicht laufen können.

Im Hotel angekommen, verabredeten wir uns nach einer 15-minütigen Frischmachpause in der Hotellobby. Praktisch ist vor allem, dass wir Doppelzimmer zur Alleinnutzung bekommen. Das lässt herrlich viel Spielraum für heiße Nächte jeder Art. Ich zog mir meinen hübschesten Bikini an und warf mir ein kleines Kleidchen über. Warm genug war es draußen dafür. Für optische Verführung war von meiner Seite aus also gesorgt.

In der Lobby angekommen, stand er schon da. Zwar nicht wie ich in einem Kleidchen, aber dafür mit zwei Gläsern und einer Flasche Rotwein. Als ich ihn in Zivilkleidung sah, fiel mir erst richtig auf, was für ein Womanizertyp er eigentlich war. Mit seinen knapp über eins achtzig hatte er eine tolle Größe für seine trainierte Figur. Dunkelblonde Haare und ein Lächeln zum Dahinschmelzen. Seine filigranen Hände (darauf achte ich schon seit eh und je, ein Mann mit Bauarbeiterhänden turnt mich total ab) hätte ich am liebsten sofort auf meinem Körper gespürt. Doch so weit waren wir noch nicht. Der Rotwein ließ jedoch vermuten, dass seine Gedanken von den meinen nicht sehr stark abweichen konnten. Gerade auch deshalb, weil ich von den Mädels der Crew gehört hatte, dass er genauso wie ich Single sei. Besser hätten die Sterne nicht stehen können.

Für mich stand eines fest: Ich bin eine junge, neue und zurückhaltende Flugbegleiterin. Wenn an diesem Abend etwas passieren sollte, musste er den ersten Schritt machen. Ich hoffte, dass er sich dessen ebenso bewusst war wie ich.

Kurze Zeit später saßen wir, jeder mit einem leckeren Rotwein in der Hand, am Strand und lachten uns über seine witzigen

Storys kaputt, die er mir von den ersten Jahren als Copilot zum Besten gab. Wir verstanden uns sogar so gut, dass ich es fast für Schicksal hielt, dass wir uns an diesem Tag getroffen hatten. Er ist wirklich ein Mann zum Verlieben, dachte ich mir. Aber fürs Erste wollte ich seine Bettqualitäten testen. Aber war ich die Einzige von uns beiden, die so dachte? Er rührte sich kein bisschen in diese Richtung. Mehr als Wein trinken und lauthals lachen kam von seiner Seite nicht. Hmmm. Jetzt mach doch mal irgendwas, ermahnte ich ihn lautlos immer und immer wieder.

Mittlerweile war es nachts um zwei, als wir uns entschieden, zurück ins Hotel zu gehen. Die Zeit für Annäherungsversuche wurde knapp. Also musste ich den ersten kleinen Anstoß wagen, entschloss ich mich innerlich. Als wir gerade am Pool vorbeigingen, sagte ich: »Ich gehe jetzt schwimmen«, zog mein Kleidchen aus – natürlich nur, um ihm einen Blick auf meinen sportlich schlanken Körper im Bikini zu gönnen – und hechtete mit einem Kopfsprung ins Wasser. Ben stand nur da, zog erstaunt die Augenbrauen hoch und schaute mir nach. Einen Mann zu verblüffen kann nie schaden, das hatte mir schon meine Oma immer gepredigt. So hielt sie die Ehe mit meinem Opa Kurt in Schwung, gestand sie mal in einer beschwipsten Minute. Es gibt Dinge, die möchte man gar nicht so genau wissen. Hilfreich sind sie trotzdem.

Nach einer kleinen Schwimmrunde kletterte ich tropfnass aus dem Pool und dachte gar nicht daran, mein Kleid wieder anzuziehen. Ein Handtuch hatte ich aber auch nicht dabei. Also stieg ich nass in den Aufzug ein und er verkündete, dass er mich noch zu meinem Zimmer begleiten wollte. Na geht doch, dachte ich mir und konnte mir ein kleines Grinsen nicht verkneifen.

Ich stand vor meinem Bett, legte mein Kleid darauf ab und tropfte noch immer. Dann ging er ins Bad, holte ein Handtuch und legte es mir um die Schultern. »Du bist nass.« – »Dann trockne mich ab«, sagte ich leise und legte meine verführerische Stimme auf. Das war mehr als eine Einladung, fand ich.

Und dann war er plötzlich da, der Blick, der es in meinem Schritt sofort kribbeln ließ. Er nahm das Handtuch wieder an sich und sagte in einem lasziven Ton: »Zieh den Bikini aus.« Nichts lieber als das, dachte ich.

Ich stand nun nackt vor ihm, er noch völlig in seinen Freizeitklamotten. Er schaute mich von oben bis unten an, ganz langsam und ohne jede Hast, und ich konnte sehen, wie seine Fantasie mit ihm spielte. Das machte mich an. »Jetzt bist du dran mit Ausziehen«, befahl ich. Wenig später sagte er dann: »Gleichstand.«

Sein Körper sah einfach nur toll aus. Ich hatte große Lust, die ganze Nacht und den kompletten nächsten Tag mit ihm in jeder erdenklichen Stellung zu vögeln. Das Gefühl, als wir uns als eigentlich völlig Unbekannte nackt gegenüberstanden, kribbelte heftig in meinem Bauch. Dann trat er langsam einen Schritt an mich heran, nahm mich mit einer Hand am Nacken und küsste mich. Aber es war mehr als ein Kuss. Es war eine Erlösung. Diesen Moment hatte ich seit der Minute, als ich ihm im Flugzeug das erste Mal die Hand gegeben hatte, herbeigesehnt. Und was ich noch viel beeindruckender fand, war, dass er zu wissen schien, dass ich nackenfixiert bin. Es macht mich völlig willenlos, wenn ein Mann beim Küssen meinen Nacken massiert. Und er machte nicht nur das sehr gut. Mit seiner Zunge konnte er auch mehr als gut umgehen. Welch eine Seltenheit heutzutage. Ein leidenschaftlicher Küsser. Meine Hände erforschten seinen Rücken und ich drückte mich an ihn heran. Sein Penis stand schon steif und prall bereit, es fühlte sich einfach nur gut an. Dann zog er mich aufs Bett und dort knutschten wir uns erst so richtig in Rage. Unsere Hände erforschten den Körper des anderen und ich spürte, wie sich meine Schamlippen immer mehr mit Blut füllten. »Hast du ein Kondom da?«, fragte er mich. Ich sagte ihm, wo er sie im Bad finden würde. Als er zurückkam und ich ihn mit seinem Prachtkörper und seinem steifen, großen und beschnittenen Schwanz auf mich zukommen sah, wollte ich keine Minute mehr warten, um ihn endlich in mir zu spüren. Ich schmiss ihn regelrecht in die Kissen, zog ihm eilig das Kondom über und setzte mich sofort mit einem lauten Stöhnen auf ihn. Es dauerte keine fünf Minuten, da kam ich mit einem lauten Lustschrei. Ich hoffte, dass keine meiner Kolleginnen eines der Nachbarzimmer hatte. Ganz zu schweigen von dem Piloten. Dann legte er sich auf mich, ich zog meine Beine regelrecht bis hinter die Ohren und er vögelte mich nach allen Regeln der Kunst. Mal schnell, mal mit einem innigen Kuss ganz langsam. Er fühlte sich herrlich gut an. Dann drehte ich mich um und bot ihm mein schönstes Hohlkreuz an, damit er mich von hinten nehmen sollte. Das ließ er sich nicht zweimal sagen und drang voller Lust in mich ein. Zum Glück war er keiner dieser Männer, die lautlos vögeln. Das Hotelzimmer war voll von unserem lustvollen Stöhnen und dem permanenten Klopfen des Holzbettes gegen die Wand. Als uns das bewusst wurde, entschieden wir uns für einen Wechsel vom Bett zur Terrassentür. Er drückte mich mit meinem Rücken dagegen, stellte sich vor mich und drang erneut in mich ein. Wieder nahm er eine Hand und legte sie mir in den Nacken. Oh Gott, machte er das gut. Nach einigen innigen Küssen kamen wir beide fast zeitgleich zum Orgasmus und fielen erschöpft aufs Bett.

Es war schon lange her, dass ein Mann mich so nach allen Regeln der Kunst gefickt hatte. Wunderbar.

Hätte mir das alles jemand noch am Morgen in Deutschland gesagt, hätte ich es nicht geglaubt. Spontaner Sex ist einfach zu schön. Das sollte ich öfter machen, wenn sich die Gelegenheit ergibt, versprach ich mir selbst.

Wir lagen noch einige Minuten zusammen atemlos auf dem Bett und kuschelten. Ich fühlte mich einfach nur wohl in seinem Arm. Als er ging, küsste er mich noch einmal innig.

Am nächsten Tag sollte ich am Nachmittag wieder einen Flug nach Frankfurt begleiten, nur leider nicht mit Ben in der gleichen Maschine. Als ich zum Mittagessen ging, kam ich an der Rezeption vorbei. Da stand Ben mit dem Piloten, sie checkten gerade aus.

Er sah mich nur kurz an und sagte nichts. Ich auch nicht. Dann drehten sich die beiden um und machten sich auf in Richtung Flughafen. Ich fragte an der Rezeption, ob eine Nachricht für mich hinterlassen wurde. Nichts. Ich spürte, wie sich Enttäuschung in mir breitmachte. Ich fand die Nacht mit ihm so wunderschön. Ging es etwa nur mir so?, fragte ich mich in den Stunden danach immer und immer wieder. Ich hätte ihn so gern näher kennengelernt.

Leicht bedrückt absolvierte ich den Flug zurück von Athen nach Frankfurt.

In Frankfurt – der Basis – hat jeder ein eigenes Postfach. Darin liegen immer die neuen Dienstpläne, kurzfristigen Änderungen und Einteilungen. Jeder ist verpflichtet, dort seine Post abzuholen. So tat ich es auch, als ich Feierabend machte.

Im Fach fand ich den Dienstplan für die nächsten Tage. Und eine Karte. Von Ben. Yes.

Hallo Liebesgöttin.

Ich bin in zwei Wochen für einen Flug nach Athen eingeteilt und habe dort noch einen Tag Aufenthalt. Hast du Lust, mich zu begleiten? Ach, und meine Handynummer …

OKTOBERFEST, ICH KOMME!

Marie (26), Fitnesstrainerin, Hamburg,
über
Manuel (29), Lichttechniker, München

Guten Morgen«, sagte ich zu dem Mann am Steuer, der ein sympathisches Lächeln hatte. »Mahlzeit. Ich bin Klaus.« – »Marie. Freut mich.« Er machte einen netten Eindruck und ich schien bei meiner ersten Erfahrung mit der Mitfahrzentrale keinen Freak erwischt zu haben. Dann konnte meine Fahrt an einem warmen Freitag im Herbst 2006 von Hamburg nach München ja losgehen.

Einige Wochen zuvor hatte ich noch keinen blassen Schimmer von der kostengünstigen Reise via Mitfahrzentrale gehabt. Doch ein kurzer, aber heftiger Onlineflirt mit Manuel hatte mich alle Möglichkeiten in Erwägung ziehen lassen, so schnell wie möglich und gleichzeitig preiswert zu ihm nach München zu kommen.

Ich erzählte dem Fahrer, dass ich im Internet einen ganz tollen Mann kennengelernt hatte. Und wenn ich schon mal in der angesagtesten Stadt Bayerns wäre, wollte ich mit ihm auch auf das gerade begonnene Oktoberfest gehen. Ich meine, das muss man doch besucht haben, wenn man schon zur passenden Zeit in München ist, oder?

Er beneidete mich, weil er dazu keine Zeit haben würde, aber pünktlich am Montag würde er mich gern an unserem Treffpunkt abholen und mich wieder mit nach Hamburg nehmen. Balsam für mein geschundenes Portemonnaie, dachte ich. Billiger ist nur Laufen.

Manuel hatte es mir in den Tagen vor meiner Abfahrt mächtig angetan. Wir flirteten in unseren Chats heftig miteinander. Sein Profilbild hatte mir so gut gefallen (er sah aus wie die deutsche Antwort auf den Spiderman-Darsteller Tobey Maguire), dass ich ihn endlich offline treffen wollte. Als er mich dann eines Tages im Chat fragte, ob ich ihn besuchen würde, saß ich schon wenig später bei dem netten Klaus im Wagen. Ich war glücklich und voller Vorfreude.

»Wir sind bald da«, sagte die freundliche Stimme und holte mich aus meinem Mittagsschläfchen zurück auf den Beifahrersitz.

Ich schrieb Manuel eine SMS, dass er mich wenig später dort abholen könne, wo mich mein Fahrer absetzen würde. Ich bekam prompt eine Antwort: *Hi Marie, du brauchst dort nur in die S-Bahn zu steigen, da und da umsteigen und dann dort wieder raus. Ich wohne dann nur noch zwei Straßen weiter. Bis später.*

Hatte ich mich etwa verlesen? Sollte ich wirklich, nachdem ich extra den weiten Weg von Hamburg nach München auf mich genommen hatte, auch noch quer durch die Stadt mit der Bahn fahren?

Ich schrieb unmissverständlich zurück: *Ich bin extra so weit durch die Republik gefahren, um zu dir zu kommen, da kannst du mich doch bitte abholen, oder? Nur zur Info: Ich kenne mich hier nicht aus!!!* Zwei Minuten später piepte mein Handy erneut: *Ist ja gut. Ich komme dir mit der Bahn entgegen. Mein Smart ist heute in der Werkstatt.*

Ich freute mich trotz der kleinen Unstimmigkeit auf ihn und war aufgeregt wie ein kleines Kind an Heiligabend von dem Weihnachtsbaum. Ich bekam sogar ein wenig Bauchkribbeln, wenn ich an die bevorstehenden Tage mit ihm in München dachte.

Dann stand er da, am Bahnhof, und wartete auf mich. Ich ging auf ihn zu und wäre am liebsten auf ihn zu gerannt und ihm sofort um den Hals gefallen. Doch mit jedem Meter, den ich näher kam, verging mir das mehr und mehr. Ein smarter, sportlicher, sympathischer Mann? Da stand nichts von alledem. Er war breit wie ein Bulle, gefühlte zwei Meter groß und das charmante Lächeln hatte er anscheinend auf seinem Profilfoto vergessen.

»Hallo Marie«, sagte er mit tiefer Stimme. »Hi«, mehr brachte ich nicht heraus.

Ich wollte ihn zart umarmen, doch er kam nur kurz heran, um mir ein angedeutetes Küsschen zu geben. Rechts und links ein Luft-küsschen? So tat ich es immer mit Oma Erna, die ich sonst wegen ihrer Gehässigkeit nicht ausstehen konnte. Und weil sie immer nach Blutwurst riecht.

Ich spürte sofort eine schier unüberbrückbare Distanz zwischen uns. Keine Vorfreude mehr auf die Zeit mit ihm, so wie ich sie wenige Minuten zuvor noch gehabt hatte. Schade.

Ich tat jedenfalls etwas, was ich mir bis heute kaum erklären kann. Ich ließ die »Coole Marie« raushängen. Wollte ihm zeigen, dass ich locker, tough und begehrenswert bin. Ich versuchte immer wieder, ihn zum Lachen zu bringen oder wenigstens ein lockeres Gespräch ohne peinliche Pausen aufkommen zu lassen. Vergebens. Das stellte ich mir sogar beim Papst leichter vor.

Während der Bahnfahrt fielen mir dann noch seine Schuhe auf. Weiße Slipper. Welcher Mann trägt heutzutage noch Slipper?, fragte ich mich. Der Hausmeister in meiner ehemaligen Schule hatte immer welche getragen. Und er ließ ständig in meiner Gegenwart einen fahren. So viel dazu.

Dann kamen wir in seiner Wohnung an. Die war gar nicht so geschmacklos, wie es seine Schuhe hätten vermuten lassen. Das gab mir etwas Trost. Da fühlte sich der Montag gar nicht mehr so weit entfernt an wie noch wenige Minuten zuvor in der Bahn.

»Was magst du trinken?«, fragte er mich so teilnahmslos wie ein Barkeeper in einem völlig überfüllten Club. »Ich nehme das Gleiche wie du«, antwortete ich und hoffte, dass er keinen Sauerkrautsaft mochte. Er kam mit einem Wodka-Lemon zurück. Und noch bevor ich meinen Mund bändigen konnte, entfuhr es mir: »Der ist ja viel zu lasch. Bei uns nennt man das Pussy-Limo.«

Eine Minute später stand ein Neunzig-zu-zehn-Hammer-Koma-Mix vor mir. Und ich, die als übercoole Marie auf der Couch saß, kippte das Ding in null Komma nichts runter. Vollrausch vorprogrammiert. Wobei ich das Gefühl hatte, dass nur noch Alkohol diese Situation retten konnte. Viele Alternativen blieben mir ja nicht. Ich hing fast ohne Geld für drei Nächte in München fest. Da war die Wahl zwischen Alkohol und Manuel oder der kalten Brücke glasklar. Gelbsucht oder Lepra, Malaria oder Noro-Virus.

Es dauerte keine halbe Stunde, da spürte ich, dass ich das alles gar nicht mehr so schlimm fand. Ich gackerte über seine schlechten Witze und fand sogar seine beiden Katzen beim Langsam-durch-den-Raum-Schlurfen komisch. Neo und Trinity hatten wohl auch nur die Wahl zwischen Tierheim, Messi-Wohnung oder Manuel gehabt.

Manuel schien mit seinem Drink auch etwas lockerer zu werden und ab und an – wahrscheinlich unabsichtlich – huschte etwas wie ein Lächeln über sein Gesicht. Das sah dann wieder gar nicht so übel aus. Ein Lichtblick am Horizont.

Ich hielt mein Glas in seine Richtung und sagte: »Ich finde, unser Start heute war nicht gerade das Gelbe vom Ei. Lass uns einfach neu anfangen.« Er nickte. Ich lachte. »Ich bin Marie.« – »Manuel.« Wir stießen an und ich nahm einen kräftigen Schluck. Dann noch einen. Plötzlich spürte ich ein heftiges Grummeln im Bauch. Noch bevor ich es identifizieren konnte, übergab ich mich über seinen Schoß, seine Couch und Neo bekam auch noch einen kräftigen Schluck ab. Verdammt. Dann fehlt mir etwa eine Stunde meiner Erinnerung. Selbstschutz?

Als Nächstes fand ich mich in seinem Bett wieder. Er lag auf dem Rücken, ich hing mit meinen Lippen zwischen seinen Beinen. In meinem Kopf drehte es sich und ich hätte schwören können, dass seine Wohnung auf offener, stürmischer See war. Blöder Alkohol.

Manuel atmetet schwer und bewegte sein Becken mit meinem Kopf mit, sodass ich das Gefühl hatte, trotz Volltrunkenheit meine Sache gar nicht so schlecht zu machen. Sein kleiner Manuel war so übel nicht. Schön gerade, prall, nicht zu groß und auch nicht zu klein. Ich hatte große Lust, mich auf ihn zu setzen. Sex soll den Alkohol-abbau beschleunigen, hatte ich mal gelesen. Doch bevor ich das machen konnte, röchelte er laut und dann schoss mir seine Suppe – dick und klebrig wie Babybrei – in Massen entgegen. Okay, Thema abgchakt für heute, dachte ich. Sofort darauf schlief ich erschöpft ein.

*

Leises Schnarchen neben mir. Ich musste mich kurz sammeln, um zu realisieren, dass ich neben Manuel im Bett in München lag.

Mein Kopf schmerzte. Fürchterlich sogar. Ich beschloss, langsam meine Augen zu öffnen und nach der Uhrzeit zu schauen. Doch so weit kam ich gar nicht. Ich konnte sie nicht öffnen. Ich versuchte es noch einmal. Nichts. Außer einem leichten Helligkeitsschimmer konnte ich nichts sehen. Ich überlegte, was passiert war. Dann fiel es mir ein. Longdrinks. Neo und Trinity. Flauer Magen. Manuels Penis. Ach … stimmt ja … er spritzte mir genau in mein Gesicht … das verklebt also meine Wimpern. So was Blödes.

Warum hatte ich das am Abend zuvor nicht bemerkt?, fragte ich mich. Ein weiterer Versuch. Keine Chance. Meine Wimpern konnte man abbrechen. Abbrechen! Und nun?, fragte ich mich verzweifelt immer wieder.

Manuel wecken und sagen: »Hey, ich sehe nichts. Dein Sperma verklebt meine Augen. Bring mich mal ins Bad«? Auf gar keinen Fall.

Also versuchte ich, mich zu erinnern, wo genau in dieser Wohnung das Bad gewesen war. Nur leider war ich maximal eine halbe Stunde in seiner Wohnung nüchtern gewesen. Auf einmal hörte ich etwas zischen. Es war Manuel. Ein Schleicher. Mir blieb aber auch nichts erspart. Vor Männern mit Slippern sollte ich mich in Zukunft in Acht nehmen. Sie sind alle gleich.

Ich bewegte ein Bein aus dem Bett und stellte sofort fest, dass der Wodka mein Blut noch um einiges verdünnte. Meine Aufgabe war trotzdem klar: schwer verkatert, mit verspermten Augen und vor allem leise in einer fremden Wohnung das Badezimmer finden. Der Ironman wäre leichter zu bewältigen gewesen.

Einige blaue Flecke, Schrammen und Beulen später hatte ich es gefunden. Meine Wimpern brauchten gefühlte zehn Minuten Einweichzeit, bis ich meine Augen zum ersten Mal an diesem Morgen öffnen konnte.

Das ganze Wochenende verlief ähnlich katastrophal, wie es begonnen hatte. Ich sah in diesen Tagen nicht einmal eine Brezel, geschweige denn das Oktoberfest. Er hätte ja mit mir gesehen werden können. Am Telefon zog er bei seinen Kumpels über mich her, wenn er vermeintlich unbelauscht telefonierte. Er spielte den halben Tag Fußball auf der Play Station und hatte auch weiterhin seine nächtlichen Schleicher nicht unter Kontrolle. Das war mit Abstand das schlimmste Wochenende, was ich jemals gehabt habe.

Als ich am Montag nach einer unterkühlten Verabschiedung und einer Irrfahrt mit der Bahn durch München zu Klaus ins Auto stieg, schienen mir meine Wochenenderfahrungen auf der Stirn gestanden zu haben. Das Einzige, was er sagte, war: »Lass mich raten. Ich soll nicht fragen. Stimmt's?« – »Stimmt.« Ein Mann, ein Wort. Toll.

APEROL MIT SPRITZ

Jessica (20), Zahnarzthelferin, Köln,
über
Marco (31), Promoter, Hannover

Sex in der Missionarsstellung nach dürftigem Vorspiel, unbeholfenes Getätschel an meiner Klit und miserable Zungenküsse, das alles lag hinter mir. Vier lange Jahre hatte ich gedacht, dass es mit allem irgendwann besser werden würde. Ausgiebige Gespräche halfen nichts, selbst direkte Anweisungen beim Liebesspiel waren vergebens gewesen. Als ich dann die Trennung hinter mich gebracht hatte, schwor ich mir, mich in den kommenden Monaten nach allen Regeln der Kunst auszutoben.

Und zum Glück hatte ich in der Zeit nach der Trennung drei Mädels an meiner Seite, die zu dieser Zeit genau das gleiche Ziel hatten: Spaß in allen Lebenslagen!

Ich stand in meiner Stammdisco neben Marlies, meiner engen Freundin, und wir begutachteten die Männer um uns herum. Das fiel nicht gerade schwer, denn nach den zwei Flaschen Sekt, die wir vier zuvor geköpft hatten, saß die Zunge schon ziemlich locker. Doch den Vollrausch, den wir benötigt hätten, um die Jungs in der Disco attraktiv zu finden, hatte uns der Sekt leider noch nicht beschert. Es sah ganz danach aus, als würden wir vier einfach nur das Tanzbein schwingen und ohne die Begleitung eines stattlichen Penis nach Hause gehen müssen.

Die Disco hatte drei Floors, auf denen ausgelassen getanzt wurde. Nachdem wir den Techno-Floor als unbrauchbar abgehakt hatten, brachen wir auf in Richtung RnB-Bereich. Auf dem Weg dorthin kamen wir im Mittelteil des Clubs an einem Promotionstand der Marke Aperol vorbei. »Wer trinkt bloß solch ein bitteres Zeug«, sagte ich zu Marlies und verzog das Gesicht. Ich hatte dieses Gesöff einmal probieren müssen und war schon mit dem ersten Schluck geheilt gewesen. Einmal und nie wieder, das hatte ich mir geschworen.

Im neuen Dancefloor angekommen, stellten wir fest, dass die Tanzfläche noch ziemlich leer war. Bis auf einen Typen, der ausgelassen und hemmungslos ganz allein tanzte. Das war mal was Neues und er zog sofort meine Blicke auf sich. Marlies und ich stellten uns an den Rand der Tanzfläche und begutachteten den Typen, den wir bis dahin nur von hinten hatten sehen können.

Beim näheren Betrachten musste ich gestehen, dass ich selten einen Mann gesehen hatte, der so gekonnt mit seinem Körper umgehen konnte. Er tanzte genau dem Rhythmus der Musik angepasst, seine Hüften schwangen locker zur Musik mit und auch sonst konnte ich nur über seinen gelungenen Tanzstil staunen. Sein Styling dagegen war mehr als ungewöhnlich. Er trug eine rote Lackhose (in Lackhosen haben Männer immer eine riesige Beule, ist mir mal aufgefallen), ein schwarzes Netzhemd und nichts drunter. Was bei seinem tollen Körper auch nicht weiter störte. Muskeln über Muskeln, jede Menge Tattoos verteilt auf einem breiten Kreuz, eine wohlgeformte Glatze und ein Knackarsch, so schön, dass man einfach nur reingreifen wollte. Und das alles konnte ich nur von hinten beurteilen. Marlies und ich gafften ihn regelrecht an und warteten nur darauf, dass er sich von vorn zeigte. Ich guckte Marlies an und sagte, um gleich mal die Fronten zu klären: »Wenn der sich umdreht und von vorn auch noch gut aussieht, dann ist er heute Abend meins!« Marlies grinste und nickte zustimmend.

Und dann tat er es, er drehte sich um und sah direkt in meine Richtung. Mein Scanner-Blick checkte ihn von oben bis unten ab und ich stellte wohlwollend fest, dass ich meine Beute für den Abend ausgemacht hatte.

Er hatte wunderschöne leuchtend blaue Augen. Und als er ein leichtes Lächeln aufsetzte, stahlen seine Zähne dem Leuchten seiner Augen die Show. Was für ein Mann, dachte ich. Nachdem ich ihn gefühlte 20 Minuten begutachtet hatte, ging er an mir vorbei und raus aus dem Floor. Verdammt. Da musste ich hinterher. Ihn irgendwie kennenlernen. Mutig war ich schon immer gewesen und habe einen Mann schnell spüren lassen, dass ich Interesse an ihm habe.

Und solch eine Gelegenheit bot sich bei Mr. Lackhose gleich im Anschluss. Marlies und ich liefen wieder am Aperol-Stand vorbei und ich entdeckte ihn sofort hinter der Promotion-Bar. Mir blieb nichts anderes übrig, als mir einen dieser fürchterlichen Aperol-Drinks zu kaufen. Marlies machte sich aus dem Staub und ging zu den anderen Mädels, die noch in einem der Floors tanzten.

»Einen Sekt-Aperol bitte«, sagte ich mit einem flirtenden Lächeln auf den Lippen. Er verstand sofort und stieg in meinen Flirtversuch ein, vorerst nur mit den Augen.

Aus der Nähe schätzte ich ihn auf Ende 20, was mich gleich noch mehr faszinierte.

Meinen besten Sex hatte ich in meinen jungen Jahren immer mit mindestens fünf Jahre älteren Männern gehabt. Die wussten wenigstens über die Anatomie des weiblichen Intimbereichs Bescheid und fummelten nicht 20 Minuten an meiner Brustwarze herum, in der Hoffnung, dass ich davon einen Orgasmus bekommen würde. Alles schon erlebt.

Aber zurück zum Aperol-Gesöff. Er stellte mir meinen Drink hin und ich bezahlte mit den Worten: »Was macht eigentlich so ein gut aussehender Mann nach Feierabend?« Er zeigte sofort sein Zahnpastawerbungslächeln und antwortete tough: »Mit einer gut aussehenden Frau wie dir einen Kaffee trinken.« Volltreffer!

Um halb fünf holte ich ihn an seinem Stand ab. Er hatte schon gewartet und wahrscheinlich nicht mehr mit mir gerechnet, denn ich hatte mich nach unserem Gespräch um Mitternacht nicht mehr bei ihm gezeigt. Ich liebe es, wenn Männer denken, ich hätte das Interesse verloren. Sollen sie ruhig mal um ein Date bangen. Aber diesen Leckerbissen würde ich mir nicht entgehen lassen, das stand so fest wie sein Penis wenige Stunden später.

Nachdem wir einen Kaffee getrunken hatten (es gibt in Köln auch nachts Kaffee in Bars) und uns blendend verstanden, erzählte er, dass er ein Hotelzimmer ganz in der Nähe hatte. Bis dahin war noch nichts zwischen uns gelaufen außer heftigem Geflirte.

Doch dann, die Tür seines Zimmers war gerade wenige Sekunden zu, stand ich schon mit dem Rücken an den Kleiderschrank gedrückt und wurde so leidenschaftlich von ihm geküsst, wie ich es in meiner langjährigen Beziehung so sehnlichst vermisst hatte. Er konnte so gut küssen, dass ich mich schon fragte, ob das alles nicht doch ein feuchter Traum war. Mit dem Moment, als sich unsere Lippen trafen, brach zwischen uns die pure Leidenschaft los. Er hob mich hoch, trug mich zu seinem Bett, legte mich ab und zog mich binnen einer Minute gekonnt aus. Seine Hände waren an allen wunderbaren Stellen zugleich und ich schäumte über vor Lust. Seine Klamotten waren ebenso schnell im Raum verteilt wie meine und schon hatte er ein Kondom zur Hand. Obwohl unser stürmisches Verlangen alles sehr schnell geschehen ließ, konnte es mir nicht schnell genug gehen. Zufrieden war ich erst, als ich ihn endlich in mir spürte. Wir vögelten, als hätten wir beide ein Jahr ohne Sex in einem Kloster verbracht. Und so schnell wie es mir kam, kam es ihm auch. Wir verschnauften, sahen uns an und lachten los. Das Zimmer war zehn Minuten zuvor noch menschenleer gewesen und nun lagen wir schnaufend und verschwitzt auf dem Bett.

Dann küsste er mich, nahm mich wieder hoch, trug mich zum Schreibtisch und ich konnte dabei erstmals einen Blick auf seinen wahrhaft tollen Ständer werfen (Ja, er war schon wieder steif. Oder immer noch?). Er war beschnitten und geradezu elegant geformt. Von seinem Schwanz sollte man einen Abdruck nehmen, als Dildo nachbauen und dieser wäre der Bestseller aller Erotikgeschäfte, dachte ich.

So stürmisch, wie es beim ersten Mal war, kündigte sich mit seinen Bewegungen und Griffen eine geile Härte an. Er packte viel fester zu, küsste angenehm fordernd und auch ich wurde mit meinen Händen, Beinen und Lippen härter. Dann drehte er mich um und nahm mich auf dem Schreibtisch von hinten. Es war, als hätte jemand bei uns den Schalter von schneller Triebbefriedigung auf Dominanz umgestellt. Mit festen, intensiven Stößen kamen wir beide nacheinander herrlich laut und hemmungslos.

71

Wir tranken schnaufend einen Schluck Wasser und legten uns zusammen aufs Bett, um kurz zu verschnaufen. »Wahnsinn«, sagte er zufrieden. Ich brachte nur ein glückliches »Hmmmm« heraus und schaute mit einem angenehm befriedigten Blick an die Decke.

Er nahm meine Hand und streichelte sie. Ich schloss meine Augen. Seine eben so forschen Hände fühlten sich wie ausgewechselt an. Er drehte sich auf die Seite, streichelte meine Brüste, betrachtete mich ganz genau. Ich spürte seinen Blick regelrecht auf meiner Haut. Meine Brustwarzen wurden hart, ich genoss seine Erkundungstour. Ich lag einfach nur da, tat nichts und genoss. Er strich über meine Lippen, ich empfing seinen Zeigefinger mit meiner Zunge. Ich spürte, wie sich sein Schwanz gegen meinen Oberschenkel aufrichtete. Ein potenzgeladener Mann, super!, dachte ich. Der Schalter war nun endgültig auf lustvolle Zärtlichkeit umgestellt.

Seine Hand glitt hinunter zu meinem Venushügel und er erforschte eines meiner drei Intimpiercings. An meiner Klit angekommen, massierte er sie sanft, fast schon zu sanft, und ich drehte meinen Kopf, um ihn zu küssen. Geradezu zärtlich und vertraut küssten wir uns und ich wurde so feucht, dass ich befürchtete, einen nassen Fleck zu hinterlassen. Ihm gefiel das. Mir auch. Ich legte meine Hand um sein steifes Glied. Er glitt mit einem Finger in mich und ich stöhnte lustvoll auf. Er konnte das so gut. Er spielte mit meinem G-Punkt und ich bäumte mich auf, wenn er ihn gekonnt und mit leichtem Druck massierte. Seine Küsse taten das Übrige. Ich fühlte mich mit jeder Zelle meines Körpers erregt und ich spürte, wie ich bald den besten Orgasmus des Abends bekommen würde. Aber ich wollte es noch hinauszögern und warten, was er noch für Künste bereithielt. Er legte sich zwischen meine Beine und leckte mich herrlich leidenschaftlich. Endlich mal ein Mann, bei dem man spürt, dass er es mit voller Hingabe und Lust machte. Er könnte vielen, ja sehr vielen Männern noch etwas beibringen, fand ich. Er hatte ein Zungenpiercing, mit dem er unheimlich gut umgehen konnte. Sein Zungenpiercing und meine drei Intimpiercings veranstalteten dabei ein regelrechtes Klapper-Konzert. Aber das tat unserer Hingabe keinen Abbruch. Nach wenigen Minuten konnte ich es nicht mehr kontrollieren und ich kam intensiv, lange und laut zum Orgasmus.

Dann wollte ich es ihm gleichtun und mich für sein hervorragendes Zungenspiel revanchieren. Ich kniete mich zwischen ihn, nahm seinen bildschönen Schwanz in den Mund und blies ihn mit voller Hingabe. Er genoss es, so wie ich es getan hatte, und kurz bevor er kam, hörte er auf und drang in mich ein. Wir hielten kurz inne. Mit den ersten Stößen, die er lang und vorsichtig machte, kam er. Ich betrachtete sein Gesicht genau dabei. Dann machte er einfach weiter. Es war der Wahnsinn, er kam nicht mal auf die Idee, eine Pause für sich und seinen prächtigen Freund einzulegen. Ganz im Gegenteil. Er machte einfach genau so weiter. Wir vögelten jetzt nicht, wir hatten richtig guten Sex miteinander. Oder nein, wir schliefen miteinander. Und das, obwohl wir voneinander nur den Namen und die Vorliebe für nächtlichen Kaffee kannten. Als er erneut kam, konnte ich es kaum glauben. Zur selben Zeit kam auch ich und ich krallte mich in seinem Rücken fest.

»Hast du etwas dagegen, wenn wir eine kleine Pause machen?«, fragte er mich. Wie bitte? Pause? Nur eine Pause? Ich antwortete stirnrunzelnd vor Verblüffung: »Natürlich nicht.«

Wir lagen auf dem Bett und unterhielten uns so gut, als würden wir uns schon jahrelang kennen. Er machte uns einen Joint und obwohl ich sonst nicht kiffte, passte es ganz gut zu dieser ungewöhnlichen Nacht beziehungsweise dem frühen Morgen. Manchmal muss man auch mal Dinge tun, die man sonst nicht tun würde.

Als wir gerade den letzten Zug genommen hatten, streckte er die Hand aus und fragte: »Duschen?« Also standen wir Sekunden später zusammen unter dem schön warmen Wasser und seiften unsere Körper gegenseitig ein. Er hatte wirklich einen schönen Rücken. Von einem Mann mit seinem Kreuz hatte ich schon oft geträumt. Seine Oberarme waren trainiert, aber keine Bodybuilder-Arme à la Arnold Schwarzenegger. Und das war auch gut so. Er küsste mich, drückte mich wie zu Beginn des Abends mit dem Rücken gegen die Wand hinter mir und nahm mich hoch, als ob ich ein Fliegengewicht wäre. Nun gut, 48 Kilo waren wahrscheinlich für einen Mann wie ihn keine große Herausforderung.

Gekonnt bewegte er mich und schon hatte ich ihn wieder in mir. Intensiv und vor allem laut (was man in einem gefliesten Bad auch noch besonders gut hören kann) vögelten wir unter der Dusche, bis wir beide fast zeitgleich kamen. Schon wieder. Rekord.

Frisch geduscht und glücklich zog ich mich kurze Zeit später an. Er rief ein Taxi für mich und kam mit mir runter. »Ich bin heute Abend mit meiner Promo nur 30 Kilometer weiter in einer Disco.« Ich ließ das unkommentiert. Er gab mir noch seine Telefonnummer und ich stieg nach einer langen und innigen Umarmung lächelnd ins Taxi. Dann gab er dem Taxifahrer 50 Euro (ein Gentleman war er also auch noch) und ich fuhr glücklich nach Hause. Dort angekommen, schickte ich ihm eine SMS und schrieb, dass ich es wunderschön fand und jetzt zu Hause sei. Er antwortete, dass er es auch toll fand und ich ja wüsste, wo ich ihn am Abend finden könnte.

Abends fuhr ich nicht in die Disco, in der er seine Promotiontour fortsetzte. Warum? Weil es so gut war, wie es war. Diese Erinnerung wollte ich so behalten.

Einige Tage später war ich erneut in meiner Stammdisco. Dort sah ich das Promotionplakat, das wegen der Aperol-Tour aufgehängt war. Marco war darauf. Ich durfte es mit nach Hause nehmen, da es sonst im Müll gelandet wäre. Er hing noch einige Jahre in meinem Wohnzimmer über meiner Couch, wo ich ihm immer heimlich zuprostete, wenn ich einen Sekt-Aperol trank.

STAU AUF DER A9

Vanessa (26), Friseurin, Nürnberg,
über
Stefan (30), Tätowierer, München

Ich war vor zwei Jahren auf dem Weg zu meinen Eltern, die im Süden Deutschlands wohnen. Wie so oft staute es sich gewaltig auf der A9, aber die Räder meines Wagens rollten wenigstens mit 30 oder 40 ein wenig vor sich hin. Die Hoffnung stirbt zuletzt, dachte ich mir. Es löst sich bestimmt gleich auf und ich werde pünktlich zum Kaffee vor meinem riesigen Stück Bienenstich à la Mama sitzen.

Fünf Minuten später wich meine Hoffnung auf meine Kalorienbombe am Nachmittag dahin. Warnblinklichter. Überall. Stau. Stillstand. Verdammt.

Der Verkehrsfunk berichtete mir einige Minuten später, dass sich ein Lkw quergelegt hatte und die Bergung einige Stunden dauern würde. Vollsperrung. Und die letzte Abfahrt lag schon hinter mir. Da hatte ich ja mal wieder einen Volltreffer gelandet.

Meine Mutter war schnell informiert und mein Kuchen würde im Kühlschrank auf mich warten. Wenigstens etwas.

Ich kramte meine Lieblingsmusik aus dem Handschuhfach und stellte mir den Sitz ein wenig nach hinten. Viele um mich herum waren schon aus ihren Autos gestiegen und liefen umher. Ich machte die Musik laut an und lehnte mich zurück. Mich draußen über den Stau mit anderen Leuten aufregen hätte ja sowieso nichts geholfen.

Ich sang lauthals mit und vergaß, dass man mich vielleicht beobachten könnte. Kurze Zeit später klopfte es an meiner Scheibe und ich erschrak.

Ein Mann stand davor und lächelte mich an. Ich drehte das Fenster runter und die Musik leiser. »Hallo. Sagen Sie, ist das die neue Ärzte-CD, die Sie da hören?« Hübsch sah er aus. Blond mit blauen Augen.

»Ja, genau.«

»Würden Sie das Fenster ein wenig unten lassen? Dann kann ich vom Auto nebenan mithören. Laut genug ist es ja.« Er grinste mich frech an.

»Ist es zu laut gewesen? Hat sich jemand gestört gefühlt?«

»Sie meinen mehr als durch die Sperrung? Ich glaube kaum.«

»Sie können sich auch gern zu mir ins Auto setzen, wenn Sie möchten. Dann hören wir zusammen. Wie es scheint, sitzen wir hier noch eine ganze Weile fest.«

»So ein Angebot kann ich nicht ausschlagen. Ich mache nur schnell mein Auto zu.«

Als er zu seinem Auto ging, sah ich, dass er eine kurze Hose trug. Seine Beine waren voller Tattoos. Als er einstieg, sah ich, dass er nicht nur die Beine mit Bildern übersät hatte. Auch seine Arme waren bis zu den Handgelenken tätowiert. Ihm stand es außerordentlich gut. Es verlieh seinem Surferboy-Gesicht einen Touch Bad-Boy-Style. Eine tolle Mischung.

»Ich habe momentan einen Mietwagen. Meine CDs liegen alle in meinem Wagen in der Werkstatt. Da klangen die Ärzte im Auto nebenan einfach zu verlockend. Die Radiomusik kann man ja völlig vergessen.« Er lächelte. Und ich sah in seinen Augen, dass er mit »verlockend« nicht nur die Ärzte-Musik gemeint hatte. Ich fühlte mich geschmeichelt. Ich drehte die Musik wieder lauter und lehnte mich zurück. Ab und an warf ich einen Blick zu ihm rüber und er schaute dann auch mich an. Ich hatte das Gefühl, dass er mit seinen Augen reden konnte. Es gibt nicht viele Männer, die das können. Als wenn er mir sagen wollte: Schön, dich kennenzulernen. Du bist süß. Ich könnte mir diesen Stau in keiner besseren Gesellschaft vorstellen.

Etwa 30 Minuten Stau. Die Leute standen mittlerweile alle auf der Fahrbahn. Nur wir saßen noch als Einzige im Auto. Das Wetter war schön, etwas über 20 Grad und Sonnenschein. Wenigstens etwas.

Nach ein paar Liedern sagte ich: »Wollen wir mal kurz an die frische Luft gehen? Vielleicht weiß ja jemand von den anderen, ob es bald weitergehen soll.«

»Noch nie hat mich ein Stau so wenig geärgert«, sagte er, als er ausstieg. Diese Worte kribbelten regelrecht in meinem Bauch.

Warum hatte dieser Mann solch eine starke Wirkung auf mich? Faszinierend.

Natürlich wusste niemand, wann sich die Vollsperrung auflösen sollte. Und es störte mich nicht mal sonderlich.

Stefan, so hieß er, erzählte mir von seinem Job als Tätowierer. Das erklärte natürlich einiges. Wir lehnten uns an seine Motorhaube und genossen die Sonne. An den Bienenstich im Kühlschrank dachte ich schon lange nicht mehr. Wir sprachen über Gott und die Welt, besonders viel über Hunde, eine gemeinsame Leidenschaft.

»Dir würde ein Tattoo an deinem Hals sehr gut stehen«, sagte er irgendwann, völlig aus dem Zusammenhang gerissen. Ich stutzte. Ich und ein Tattoo? Ich hatte natürlich schon einmal darüber nachgedacht, aber noch nie den Entschluss gefasst, mir wirklich eins stechen zu lassen. »Meinst du wirklich? Wie kommst du denn darauf?«

»Das soll jetzt nicht abgedroschen klingen. Du hast einen sehr schönen Hals.«

»Oh, vielen Dank. Das habe ich auch noch nicht gehört.«

»Ich wollte dich nicht gleich für deinen knackigen Arsch loben.«

Ich lachte und wurde rot. Dieser Mann brachte mich mit seiner Gelassenheit völlig aus dem Konzept. Normalerweise bin ich keine Frau, die ständig und jeden Tag flirtet. Aber mit ihm machte es mir richtig Spaß. Unsere Blicke sprachen Bände. Insgeheim hoffte ich, dass das Bergungsteam nicht ganz so schnell arbeiten würde und ich noch Zeit mit Stefan hatte.

Die anderen Leute aus den Autos hatten sich schon zu kleinen Grüppchen zusammengefunden. Stefan fragte: »Dieser Kerl da mit der weißen Hose, was, meinst du, macht er beruflich?«

»Arzt.«

»Rechtsanwalt.«

»Oder Hausmeister.«

»Hausmeister?«

»Ja, keiner kann sich besser in der Freizeit tarnen als Hausmeister.« Er lächelte mich wieder mit seiner ganzen Lässigkeit an. Ich sagte: »Und die da, mit dem roten Kleid und den blonden Haaren? Was macht sie beruflich?«

»Managerin.«

»Vorzimmerkraft.«

»Vorwerkvertreterin.«

»Prostituierte.« Wir lachten uns kaputt und einige der Leute schauten uns schon komisch an.

»Was für ein Tattoo würde denn zu mir passen?«, fragte ich ihn, weil mich seine Aussage von vorhin nicht in Ruhe ließ. »Ich denke, eine Lilie. Zart duftend, feminin und mit weichen Zügen. So wie du.« Mein Herz schlug mir bis zum Hals. Was passierte hier?, fragte ich mich.

»Ich mache es dir gern. Solltest du mal in München sein, komm einfach vorbei. Aber bitte zieh dir dann eine Hose an und nicht diesen Rock, sonst kann ich mich nicht richtig konzentrieren.« – »Ich überlege es mir. Danke«, sagte ich schmunzelnd und lächelte ihn an. Ich versuchte, dabei ein wenig verführerisch zu gucken, worin ich wirklich kein Meister bin. Seinem Blick nach war ich erfolgreich.

Eine längere, aber angenehme Pause später sagte ich: »Ich habe noch eine Madonna-CD im Auto, aus den Neunzigern.« – »Worauf warten wir?«

Uns war beiden klar, dass es weniger um Madonna ging als um die Ungestörtheit im Wagen.

60 Minuten Stillstand lagen hinter uns.

Ich machte Madonna an und allein ihre Stimme verteilte Sinnlichkeit im Auto. Die Scheiben hatten wir runtergemacht und die Sitze noch etwas weiter nach hinten gestellt. Wir lehnten uns zurück und ich sah, wie er seine Augen schloss. Gute Idee, dachte ich. Es dauerte keine zwei Minuten, da spürte ich seine Hand auf meinem Oberschenkel. Es durchfuhr mich wie ein Blitz. Ich guckte durch einen kleinen Schlitz meiner Wimpern und sah, dass er seine Augen noch geschlossen hatte und ihm ein leichtes Lächeln auf den Lippen lag. Mein Atem wurde vorübergehend schneller, das konnte unmöglich unbemerkt bleiben. Ich tat nichts und ließ ihn gewähren, diese sexy Mischung aus Bad Boy und Gentleman auf meinem Beifahrersitz.

Er strich zart mit seiner Hand meinen Schenkel auf und ab. Ich bekam eine Gänsehaut. Seine Hand bewegte sich sehr langsam. Ich genoss und musste schmunzeln. Ich hatte zwar schon so einige Männer in meinem Leben gehabt und schon viele Hände auf meinem Oberschenkel gespürt, aber bei Stefan fühlte es sich viel intensiver an.

Normalerweise stehe ich nicht auf Bad Boys, sondern eher auf Männer im Anzug oder gar Rockertypen. Doch trotz allem ließ ich geschehen, was geschehen sollte. Viel war in meinem kleinen Golf eh nicht möglich. Vor allem, weil wenige Meter weiter ein Dutzend Leute auf der Fahrbahn umherliefen.

Seine Hand fuhr langsam vom Rock hinunter auf meinen nackten Oberschenkel. Dann ließ er sie still liegen, etwa eine Minute lang. Ich linste wieder durch meine Wimpern. Das gleiche Bild wie kurz zuvor. Ein Lächeln auf seinen Lippen, geschlossene Augen.

Dann bewegte sie sich wieder. Ganz langsam glitt er mit seiner Hand unter meinen Rock. In meinem Nacken stellten sich mir die Härchen auf. Ich stellte mein Bein auf, so kam er besser heran. Von außen betrachtet sahen wir bestimmt lustig aus. Zwei Leute mit geschlossenen Augen und einem Lächeln im Gesicht.

Er strich ganz langsam immer weiter zu meinem Innenschenkel. Meine Spalte reagierte sofort mit einladender Feuchtigkeit. Ich fühlte mich verrucht und ich konnte kaum glauben, was da gerade geschah.

In dem Moment, als er mit seinem kleinen Finger meinen Slip berührte, musste ich tief einatmen. Das fühlte sich so gut an. Ich wollte mehr davon spüren und spreizte meine Beine ein wenig für ihn. Ich wusste nicht, ob ich mich revanchieren sollte. Aber die Mittelkonsole ließ wenig Platz für zwei forschende Arme. Ich entschied mich, einfach nur zu genießen. Und ich hatte das Gefühl, dass er es auch so wollte.

Ich schaute wieder mit halb geschlossenen Augen zu ihm rüber, da erkannte ich in seiner Hose eine deutliche Beule. Wie verlockend. Sein Atem ging etwas schneller als noch wenige Minuten zuvor.

Mit seinem kleinen Finger rieb er an meinem Slip.

Einzig mein nasser Slip trennte seine Hand von meiner Klit. Und als wenn er meine Gedanken gelesen hätte, schob er ihn einfach beiseite. Nun lag meine nasse Spalte unter meinem Rock mitten in einem Stau auf der Autobahn frei. Was für ein tolles und spannendes Gefühl. Jetzt konnte ich Stefans Atem ganz deutlich hören. Ich passte mich ihm an. Er war mindestens genauso erregt wie ich.

Er drehte seine Hand, legte sie komplett über meine Muschi und hielt kurz inne. Ich hielt es vor lauter Spannung nicht aus und wollte ihn so gern in mir spüren.

Meine Nässe lud ihn regelrecht ein und er kam dieser Einladung auch bereitwillig nach. Sein Mittelfinger glitt in mich und ich rutschte mit meinem Po ein Stück nach vorn, damit er ja nicht so schnell wieder wegkam. Er bewegte seine Hand langsam in mir und ich musste mich bemühen, keinen Ton von mir zu geben. Die Fenster standen offen.

Nach einigen wunderschönen Bewegungen in mir rutschte er wieder heraus und widmete sich meiner Klit. Er rieb sie sachte, aber bestimmt mit zwei Fingern, die anderen lagen entspannt daneben. Abwechselnd glitt er in mich und rieb herrlich gekonnt meine Perle.

Ich bewegte mein Becken langsam mit und wurde immer schneller, je näher ich meinem Höhepunkt kam. Es dauerte nicht lange und ich konnte ihn nicht mehr aufhalten. Meinen Orgasmus.

Meinen ersten Orgasmus durch einen Mann, der mich »nur« mit seinen Fingern bearbeitete.

Der Stau dauerte noch weitere 30 Minuten. Ein Stau, der mir zu einem tollen Orgasmus und wenig später sogar zu einem Tattoo verhalf.

DAS TOR

Mia (18), Abiturientin, Hamburg,
über
Jan-Ole (19), Abiturient, Hamburg

Der »Neue« kam im letzten Schuljahr der Abiturklasse zu uns und suchte sich genau den Platz neben mir aus. Wäre es ein Typ wie Matthias Schweighöfer gewesen, okay, aber das war er leider nicht. Er war zwar groß gebaut und hatte breite Schultern, aber genauso breit war auch seine Nase. Wenn er mit mir sprach, dann sah ich nur diese großen, wackelnden, tiefschwarzen Nasenlöcher. Nur sie schienen mit mir zu sprechen. Was ist, wenn er mal niesen muss?, fragte ich mich immer wieder. Sturzbäche würde er produzieren. Aus meiner Antipathie Jan-Ole gegenüber machte ich kein Geheimnis.

Dann, er saß erst einige Wochen neben mir, sagte Frau Strunz am Ende der Stunde: »… und zu diesem Thema wird von euch in den kommenden zwei Wochen mit eurem Banknachbarn ein Referat ausgearbeitet. Viel Spaß dabei.«

Was? Hatte ich mich verhört? Jan-Ole guckte mich an. Ich sah nur seine großen Nasenlöcher und ein breites Grinsen. Verdammt. Ich musste mit Pinky und Brain – so hatte ich die beiden schwarzen Löcher schon getauft – ein Referat erarbeiten. In meiner Freizeit. Na super. Nachdem ich den Schock verdaut hatte, klingelte ich wenig später an seiner Tür. Wir arbeiteten zusammen im Internet und wir waren unerwarteterweise ein ziemlich gutes Team. Jan-Ole war doch ganz nett. Pinky und Brain auch. Die Zwei für das Referat gab uns recht.

*

Silvester. Etwa 20 Leute aus unserer Klasse feierten bei Jan-Ole zu Hause. Mittlerweile war er ein richtig guter Freund für mich geworden und auch die anderen aus der Klasse mochten ihn. Nachdem wir alle einige Alkopops getrunken und ausgelassen getanzt hatten, schlug jemand das Spiel »Wahrheit oder Pflicht« vor. Jeder, der das schon einmal gespielt hat, weiß, dass dabei nichts Gutes rauskommen kann.

Zwei Klingelstreiche bei den Nachbarn, eine Käsestulle mit Nutella und Sardellen und ein Bier auf ex später war meine neue Aufgabe, einen Jungen aus der Runde zu küssen. So richtig, mit Zunge!

Jan-Ole inklusive Pinky und Brain waren das geringste Übel der unreifen Piepels aus meiner Klasse. Und weil wir es vor den anderen vor lauter Lachen nicht hinbekamen, schlossen wir uns auf dem Klo ein. Jan-Ole war ganz aufgeregt, das sah ich ihm an. Mir hatten das Bier und die anderen Drinks dabei geholfen, alles halb so wild zu finden. Und das war auch gut so. Denn kaum lagen unsere Lippen aufeinander, hatte ich nicht das Bedürfnis, schnell wieder aufzuhören. Ganz im Gegenteil. Unerwartete Leidenschaft brach aus mir heraus. Und das, obwohl Jan-Ole nicht der begnadetste Küsser aller Zeiten war. Ich konnte mir auch nicht erklären, woher unser plötzliches Verlangen kam. Aber es war unweigerlich da. Er saß auf dem Badewannenrand, ich stand vor ihm und drückte mich an ihn. Dabei spürte ich, dass er einen Ständer bekam. Es gefiel mir. Seine Hand glitt unter mein Shirt und meine Hand öffnete seinen Hosenstall. Ich blies ihm einen, mit Genuss. Pinky und Brain spielten keine Rolle mehr. Er hatte etwas viel Größeres, was einen eigenen Namen verdient hätte, das wusste ich nun. Ich würde mir noch einen passenden überlegen müssen.

Als ich gerade so schön dabei war und er es sichtlich genoss, klopften unsere Mitschüler wie wild an die Tür. »Was macht ihr denn da drin?« und »Ich muss mal pinkeln« wechselten sich ab. Wir fummelten noch ein wenig und dann gaben wir dem ständigen Geklopfe nach.

Am ersten Schultag des neuen Jahres schwiegen wir uns an. Keiner verlor ein Wort über den Silvesterabend. Die einstige Lockerheit war parallel mit unserem Promillespiegel auf null gesunken.

Nach einigen Tagen – die Lehrerin war gerade an einem anderen Tisch – sagte Jan-Ole leise zu mir: »Vergessen wir das einfach.« »Gute Idee.« Geklärt. Endlich.

∗

Der Abiball ist für eine Abiturientin wie eine kleine Hochzeit für eine Braut. Man macht sich so richtig hübsch, zieht sich ein wunderschönes Kleid an und ist schon Wochen vorher aufgeregt. Das Restaurant, in dem wir feierten, war sehr schön gelegen und alle 400 Leute hatten genug Platz. Jan-Ole sah einfach super aus – so gut wie noch nie zuvor.. Er trug eine enge schwarze Jeans, durch die sich seine besonders große Stärke gut abzeichnete. Sein weißes Hemd war tailliert geschnitten und ich musste gestehen, dass er an diesem Abend wirklich ein Hingucker war. Er kam auf mich zu und sagte: »Wow. Du siehst heute Abend zum Anbeißen aus.« Ich schenkte ihm einen Blick, der verriet, was ich wollte. Nämlich unser unbeendetes Abenteuer von der Silvesternacht nachholen. Als krönender Abschluss des Abis sozusagen. Jan-Ole dachte genauso, das verriet mir sein lüsterner Blick zur Genüge. Blöd nur, dass unsere Eltern mit dabei waren und auch sonst alles nur so von spießigen Lehrern, stolzen Eltern und Mitschülern wimmelte. Wir beschlossen, ein wenig spazieren zu gehen. Es war schon dunkel, aber die Nacht versprach, lau zu werden. Wenige Schritte von dem Restaurant entfernt sahen wir ein großes Tor, wie es sie manchmal am Eingang von Parks gibt. Es war nur angelehnt. Perfekt.

Wir gingen hinein und meine Lust stieg. »Hier wird doch irgendwo eine ruhige Ecke sein«, sagte ich ungeduldig. Unsere Schritte wurden schneller, wir konnten es beide kaum erwarten. Es zogen dunkle Wolken auf. Es gab keine Laterne und keine Beleuchtung, die uns auch nur annähernd gezeigt hätte, wo wir uns unbemerkt übereinander hermachen konnten. Als wir einige Minuten auf dem langen Weg gegangen waren, sah ich den Schatten eines Hauses.

»Na endlich«, sagte er. »Da können wir uns verstecken.« Das Letzte, was wir gebrauchen konnten, war, dass unsere Mitschüler den ganzen Zauber erneut verdarben.

Hinter dem Gebäude angekommen, gingen wir gleich in die Vollen. Jan-Ole küsste mich – er hatte zwischenzeitlich anscheinend geübt und sich um einiges gesteigert – und ich zog hastig sein Hemd aus der Hose. Sein muskulöser Oberkörper machte mich an. Mit einer Hand machte er sich schon an meinem Slip zu schaffen. Wir waren wild aufeinander, wie auf der Silvesterfeier. Ein Paar, das in einer Fernbeziehung lebt und sich nur einmal im Monat sehen kann, muss ähnlich ausgehungert übereinander herfallen. Er fühlte sich gut an mir an. Und seine Finger, die er in mich schob, auch. Ich griff ohne zu zögern in seine enge Hose und er empfing mich prall und feucht an der Spitze. Mr. Big, das wäre der richtige Name für seinen prächtigen Begleiter.

Ich stöhnte laut auf, als er einen zweiten Finger dazunahm. Es gibt viel zu wenig Männer, die richtig fingern können, finde ich. Jan-Ole konnte es. Ich massierte Mr. Big und wir konnten es beide nicht erwarten. Er nahm ein Kondom aus seiner Jeans, schob meinen Slip beiseite, ich hielt mein Kleid fest und er drehte mich um. Ich lehnte mich gegen das Gebäude und er drang herrlich langsam von hinten in mich ein. Der besondere Kick war, dass jederzeit jemand von dem Abiball hätte kommen können. Er stieß langsam und intensiv, er füllte mich voll aus. Wir ließen unsere Lust ungebremst raus und stöhnten beide, wenn sich etwas besonders gut anfühlte. Dann spürte ich einen Tropfen auf meinem Po. Dann noch einen. Es fing an zu regnen. Und keine halbe Minute, nachdem ich den ersten Tropfen gespürt hatte, brach ein heftiger Regenguss über uns herein. Doch das tat unserer Lust keinen Abbruch. Ganz im Gegenteil. Es passte zu diesem Abend, unserem spontanen Sex unter guten Freunden. Einige Blitze später kamen wir beide kurz nacheinander. Jan-Ole legte das volle Kondom auf einer kleinen Seitenmauer des Hauses ab und wir rückten zufrieden kichernd unsere Outfits zurecht. Wieder auf dem Hauptweg des Parks angekommen, fiel uns auf, dass der Park ganz anders aussah als zuvor. Unsere Augen hatten sich an die Dunkelheit gewöhnt und ich warf einen Blick zurück auf das Haus. Es hatte ein spitzes Dach, zu spitz für ein Wohnhaus. »Irgendwie sieht es hier komisch aus«, sagte ich zu Jan-Ole. »Ja, finde ich irgendwie auch. Lass uns schnell verschwinden.«

Als wir das Tor hinter uns schlossen, konnten wir die Aufschrift des Schildes lesen, dabei sprang mich ein Wort an: Friedhof.

»Oh Gott, wir waren auf einem Friedhof.« Wir guckten uns erschrocken an. Doch dann prusteten wir fürchterlich los und konnten es kaum glauben. Ich hatte mich, an eine Kapelle gelehnt, von hinten nehmen lassen.

Am nächsten Tag hat wohl jemand eine überraschende Kondom-Entdeckung gemacht. Auweia.

ÜBERRASCHUNGS-BESUCH

Monique (28), Sachbearbeiterin, Potsdam,
über
Jeremy/Maik-Luca (27), arbeitslos, Berlin

Deine Fotos waren ganz okay«, sagte mir Jeremy, als wir bei unserem Date mit einem Cocktail in der Hand auf der Barcouch saßen. Welch tolles Kompliment, dachte ich mir. Der hat den Charme mit Löffeln gefressen. Aber abgesehen von seinem Waschbrettcharme war er ganz nett. Ich weiß, *nett* klingt auch nicht viel besser. Aber so war eben mein Eindruck.

Wenn er nicht so verdammt sexy ausgesehen hätte, wäre ich wahrscheinlich schon mit einer profanen Ausrede verschwunden. Auf meiner persönlichen Bewertungsskala bekam er von möglichen zehn Punkten eine Acht. Nur George Clooney und Vin Diesel bekommen mehr Punkte. Da befindet er sich doch in ganz guter Gesellschaft. Jeremy war blond, groß, männlich breit gebaut und hatte einen kleinen Wohlstandsbauch, was ich persönlich sehr sexy an Männern finde. Was mir besonders aufgefallen war, waren seine strahlend grünen Augen.

Wir hatten uns auf einer weit verbreiteten Internetplattform kennengelernt und uns nach einigen Nachrichten schnell auf ein Date verabredet. Er betonte gleich nach dem Bestellen des Drinks, dass er nichts Festes suchen würde, weil er sich gerade erst frisch von seiner Ex getrennt hatte.

Ich mag es, wenn Männer ohne große Umschweife ihren Standpunkt erklären. Viele Männer haben dazu leider nicht den Mut, aus Angst, ihren Willi dann nicht mehr wegstecken zu können. Dabei können wir Frauen viel besser mit klaren Verhältnissen umgehen, als es uns nachgesagt wird.

Etwa gegen 20 Uhr beschlossen wir, zu ihm zu gehen.

Als wir in seine Wohnung kamen, verschlug es mir schon im Flur die Sprache. Alles schrie förmlich nach Frau. Die Tapete, der riesige Schuhschrank mit High Heels, die Bilderrahmen an den Wänden, Deko, einfach alles wirkte weiblich. »Wenn du dir das alles selbst so eingerichtet hast, bekomme ich Angst«, sagte ich zu Jeremy. Er grinste gezwungen zurück und antwortete: »Nein, das war natürlich nicht ich. Das war meine Ex. Wir sind seit einer

Woche getrennt.« – »Und ihr habt hier zusammen gewohnt?« – »Ja, fast vier Jahre lang.« Er nahm mir meinen Mantel ab. Entpuppte er sich etwa doch noch als Gentleman?, fragte ich mich. »Wenn ihr so frisch getrennt seid, meinst du, dass es eine gute Idee ist, wenn wir hier sind?« Er zuckte nur mit den Schultern und sagte lapidar: »Klar.«

Ich dachte nicht weiter darüber nach und schaute mich im Wohnzimmer um, während er uns Getränke holte. Da standen Unmengen von gemeinsamen Bildern, auf nahezu allen war er mit seiner Exfreundin abgebildet. Mir fiel sofort auf, wie attraktiv sie aussah. Zierlich und natürlich hübsch. Sie hatten gemeinsame Fotos vor dem Eiffelturm geschossen, auf dem Fernsehturm und vor dem Schiefen Turm von Pisa. Sie scheinen eine Schwäche für Türme zu haben, dachte ich schmunzelnd. Aber eines hatten die Fotos gemeinsam: Die beiden sahen sehr glücklich zusammen aus. Würde ich nicht die Absicht haben, mit ihm zu schlafen, hätte ich ihn überredet, es noch einmal mit ihr zu versuchen.

Gerade, als ich das dachte, fiel mein Blick auf einen Brief vom Jobcenter. Darauf stand die Adresse, bei der ich mich gerade aufhielt, aber ein anderer Name: Maik-Luca. Ich stutzte. Wohnte hier etwa noch jemand?, fragte ich mich. Er kam in diesem Moment mit zwei Bieren in der Hand durch die Tür und ich fragte ohne Umwege: »Sag mal, wie heißt du eigentlich? Jeremy oder Maik-Luca?« Er fühlte sich ertappt und stammelte etwas davon, dass ja nicht jeder seinen Namen kennen müsse. Ach was, dachte ich, aber wo er wohnt, schon? Komische Logik. Männer eben.

Wir saßen auf der Couch und quatschten ein wenig, die Stimmung wurde wieder lockerer. Darüber war ich erleichtert, denn ich wollte unbedingt seine Bettqualitäten testen. Er sah einfach zu lecker aus, um ihn mir doch noch durch die Lappen gehen zu lassen. Ich war mir relativ schnell bewusst, dass ich dafür wahrscheinlich keine zweite Chance bekommen würde, aber traurig war ich nicht darüber.

Beim Rauchen auf dem Balkon ergriff ich dann die Initiative und guckte über die Brüstung, wohl wissend, dass ich ihm meinen entzückenden Hintern genau vor seinen Schritt hielt. Er begriff sofort und keine zwei Minuten später knutschten wir heftig herum. Zurück im Wohnzimmer, erlaubte ich ihm im Eifer des Gefechts, mir meine dünnen Leggins im Schritt zu zerreißen. Er hatte in einer unserer Nachrichten beiläufig erwähnt, wie sehr ihn das anmachen würde. Danach war der Bann gebrochen und wir fielen wild übereinander her. Im Wohnzimmer zogen wir uns unsere Oberteile aus, einige Stellungen später waren wir in der Küche angekommen. Er war wirklich ein guter Liebhaber, das musste ich ihm zugestehen. Und sein Körper war ein einziger Traum.

Einen weiteren Stellungswechsel und einen lautstarken Orgasmus – meinerseits – später hatten wir uns bis ins Badezimmer vorgevögelt. Dort ließen wir alle restlichen Klamotten von uns abfallen, außer meinen zerrissenen Leggins natürlich. Dann sagte er: »Komm, ich will dich noch im Bett nehmen.« Ich hielt kurz inne und sagte: »Ist das nicht etwas krass?« Er küsste weiterhin wild meinen Hals und sagte hastig: »Ach, nee …« Und schon lagen wir in seinem oder besser bis vor Kurzem ihrem Bett.

Er hatte mich keine zwei Minuten später kurz vor meinem zweiten Orgasmus, als ich die Wohnungstür ins Schloss fallen hörte. Ich verfiel augenblicklich in Schockstarre. Sie musste uns gehört haben, und das nicht zu knapp. Meine Lustkurve fiel binnen Sekunden in den Erdkern ab. »Verdammt«, fluchte er leise und sprang sofort von mir runter. Er guckte mich kurz an und stürmte in den Flur, nur mit Socken und seiner harten Männlichkeit bekleidet. Mir schoss das Blut in die Wangen und ich fühlte mich so fehl am Platz wie noch nie in meinem Leben.

Ich hörte sie schreien: »DAS IST JETZT NICHT DEIN ERNST!« Oh Gott, wollte ich das Gespräch jetzt hören?, fragte ich mich.

Meine Wangen brannten vor Hitze und mein Hals war staubtrocken. Ich schaute an mir herunter und sah mich schockiert an.

Ich lag da, mit völlig zerfetzten dünnen Leggins, die auch noch meine empfindlichste Stelle wie eine Werbetafel zur Schau stellten. Meine Haare mussten von dem Quer-durch-die-Wohnung-Gerammle wie die vom Pumuckl ausgesehen haben, nur in Braun. Meine Brüste waren von seiner Knetleidenschaft ganz rot gedrückt worden und mein roter Lippenstift war auf meinem ganzen Gesicht verschmiert. Wie musste er wohl aussehen?, fragte ich mich erschrocken. Da hörte ich ihn zurückschreien.

Er: »Was denn? Du wolltest doch unbedingt die Trennung!«

Sie: »Entschuldige mal, ich füttere dich seit über zwei Jahren mit meinem Gehalt durch!«

Er: »Was kann ich denn dafür, wenn mir das Jobcenter nichts anbietet.«

Sie: »Immer das Jobcenter. Wie wäre es mal mit Bewerbungen gewesen? Vom Auf-der-Couch-Liegen kommt kein Chef und bietet dir einen Job an!«

Er: »Verdammt. Was machst du eigentlich hier?«

Sie: »Das müsste ich dich ja wohl fragen!« Nun wurde sie noch etwas lauter. »Du solltest heute Abend nur deine Klamotten aus meiner Wohnung holen. Mehr nicht. Da darf ich in meine Wohnung zurückkommen, wann ich es will.«

Er: »Aber du hast gesagt, dass du bei deiner Mutter schläfst.«

Was für ein Arsch, dachte ich mir. Also ist das ihre Wohnung? Und er schleppt mich, die ich von alledem nichts weiß, auch noch hierher ab? Der Kerl hat ja Mut. Oder ist er nur schwachsinnig?

Irgendwie geschah es ihm recht, so entblößt vor ihr zu stehen. Seine Blamage war das Mindeste, was er dafür verdient hatte.

Bloß ich konnte aus dieser mehr als peinlichen Situation nicht flüchten. So zerwühlt, wie ich aussah, konnte ich nicht in den Flur gehen, geschweige denn meine ganzen Klamotten in der Wohnung zusammensammeln. Wir hatten quasi in jedem einzelnen Raum ein Andenken in Form von Kleidungsstücken hinterlassen. Während ich vergeblich nach einem Fluchtplan suchte, vernahm ich erleichtert, dass er sie irgendwie überzeugen konnte, kurz in den Hausflur zu gehen und zu warten. Dann hörte ich das bekannte Klacken der Wohnungstür.

Ich sprang aus dem Bett, rannte ins Wohnzimmer und schnappte mir unterwegs alles, was nach Kleidung aussah. Doch noch ehe ich mich angezogen hatte, stand sie auch schon vor mir. Ich wollte in den Erdboden versinken.

Sie war wütend. Aber nicht auf mich. Das war gut. Durch ihre Wut hindurch konnte ich aber auch ihre tiefe Enttäuschung sehen. Selbst dabei sah sie bildhübsch aus – wie ein Engel, ein trauriger Engel. Ich hätte sie fast in den Arm genommen und sie getröstet. Und ihn geohrfeigt.

Doch all das dachte ich, während ich das einzig Richtige tat. Abhauen. Ich ging mit all meinen Klamotten auf dem Arm an ihr vorbei und sagte: »Es tut mir leid.« Mehr konnte ich nicht tun. Er stand immer noch nur in seinen Socken neben uns und wirkte wie ein Junge, der nicht von seiner Mutter abgeholt worden war. Arschloch, formte ich mit den Lippen in seine Richtung, als ich ging.

SEX-DATE

Emilya (29), Werbeberaterin, Paderborn,
über
Dominik (47), unbekannt, Kassel

Ich weiß, man sollte treu sein. Aber irgendwann packt jeden in einer langen Beziehung einmal die Lust auf einen völlig fremden Körper. So ging es auch mir, als mein Mann – wie so oft – für eine Woche auf Geschäftsreise fuhr. Unser Sex ist gut und befriedigt mich auch, aber es ersetzt eben nicht den Kitzel, wenn man spürt, wie man einen neuen Körper und seine erogenen Zonen erkundet. Das Kribbeln, wenn Hände den eigenen Körper anders erkunden, als es »zu Hause« der Fall ist. Neue Lippen, neue Geräusche, anderer Geruch. All das wollte ich mal wieder erleben.

Ich besuchte eine einschlägige Seite im Internet und legte mir ein Profil an. Ich schrieb, dass ich einen Mann ab 30 suchen würde, der genau wie ich nach einem unkomplizierten Abenteuer sucht. Es dauerte keine zehn Minuten, da hatte ich die ersten Nachrichten in meinem Postkasten. Eine Mail hob sich zwischen den schlechten Standard-Rund-Mails ab, es war die von Dominik.

Er schrieb: *Ich bin beeindruckt, dass wenigstens eine Frau hier den Mut hat, gerade heraus zu sagen, was sie will. Lust auf ein Date? Ein Sex-Date?* Direkt und so gerade heraus? Das gefiel. Auch wenn ich sonst keine Frau bin, die so leicht zu haben ist.

Ich durchstöberte sein Profil und siehe da, auch sein Foto gefiel mir ausgesprochen gut. Seine Beschreibung ebenfalls: 182 Zentimeter groß, 85 Kilo, dunkles Haar, südländischer Typ. Gepflegt, unkompliziert und spontan. Ich antwortete ihm auf seine Nachricht: *Na gut, dann wollen wir mal sehen, wie spontan du bist. ;-) In drei Stunden am Stadthotel. Du buchst das Zimmer, ich darf leider nirgends meine Daten hinterlassen. Ich warte am Eingang auf dich.*

Es dauerte keine Minute, da blinkte mein Nachrichtenzeichen erneut auf: *Abgemacht.*

Ich sprang unter die Dusche und musste lachen, weil ich so etwas Spontanes und vor allem Verbotenes noch nie gemacht hatte. Hoffentlich geht das gut, dachte ich mir. Und es lohnt sich.

*

Es war kalt draußen. Gefühlte drei Grad vielleicht. Den kühlen Wind spürte ich ganz besonders an meinen Beinen, die mit einem Rock und Strapsen darunter bekleidet waren. Ich hatte mein Auto in sicherer Entfernung abgestellt, damit mich auch ja kein Bekannter damit vor dem Hotel sehen konnte.

Ich blieb am Eingang stehen und wartete. Was ist, wenn er gar nicht kommt?, fragte ich mich. War sein Profil überhaupt echt? Vielleicht stehen pubertierende Jungs hinter einer Ecke und lachen sich über mich schlapp? Wie sollte ich mich verhalten, wenn er mir offline doch nicht zusagt? Wie lange wartet man eigentlich auf ein Sex-Date? Gibt es dafür eine Regel? Will er mich vielleicht in der Kälte zappeln lassen? Diese und noch viel mehr Fragen schwirrten mir durch den Kopf.

Doch bevor ich mich auf eine der Fragen konzentrieren konnte, tippte mir jemand auf die Schulter. Ich drehte mich um und der sympathische Mann von dem Profilfoto lächelte mich an. Ein, zwei skeptische Vorstellungen aus meinem Kopf konnte ich schon mal streichen.

Es standen keine Jungs hinter geheimnisvollen Ecken und zappeln lassen wollte er mich auch nicht. Was für eine Erleichterung. Er hielt mir eine Hand zur Begrüßung hin, ich ergriff sie und zog ihn für eine leichte Umarmung an mich heran. Wenn wir uns schon für ein spontanes Sex-Date verabredet hatten, dann darf man sich doch wohl umarmen, oder?

»Ich bin Dominik. Schön, dich zu sehen«, sagte er ganz dicht an meinem Ohr. Seine Stimme klang sanft und männlich stark zugleich. »Finde ich auch. Ich bin Emilya.« – »Sollen wir reingehen? Es ist nicht gerade sommerlich hier draußen.« Und ob ich wollte!

Wir gingen in den dritten Stock. Er hatte nicht irgendein Zimmer gebucht, nein, ich stand in einer Suite. Er lächelte mich an und sagte: »Wärst du nicht gekommen, hätte ich mir hier eine angenehme Nacht allein machen müssen.«

»Na dann wäre mir aber was entgangen«, sagte ich zweideutig. Er schmunzelte und holte eine Flasche Sekt aus der Minibar.

»Ich hoffe, du magst trockenen Rosé Prosecco.«

»Und wie. Den brauche ich jetzt auch«, sagte ich etwas verlegen.

»Ist es für dich auch das erste Mal in dieser Form?«

»Ja, in der Tat. Es ist ja fast ein Blind Date. Und dann auch noch mit so direkten Absprachen.«

»Mir geht es da ganz ähnlich. Ich muss zugeben, ich bin ein wenig aufgeregt.«

»Ich auch. Aber jetzt, wo ich sehe, dass du kein Massenmörder zu sein scheinst, ist es schon besser.« Ich musste kichern.

»Und ich bin froh, dass du kein Foto aus längst vergangenen Zeiten genommen hattest.«

»Das wäre ein klares Eigentor gewesen.« Ich schüttelte den Kopf und betonte das Eigentor besonders. Er sagte, als er mir mein Glas in die Hand gab: »Jetzt ist es aber ein Volltreffer. Für mich jedenfalls. Prost.«

Ich wurde rot. So ein schönes Kompliment hatte ich schon lange nicht bekommen. Mein Mann sagte sonst nur »geile Sau« oder »scharfes Gerät« zu mir.

Wir stießen an und setzten uns beide nebeneinander aufs Bett. Komische Situation, doch trotzdem fühlte ich mich nicht unwohl. »Du bist also verheiratet, ja?«, fragte er mich ganz direkt. »Ja, und du?« Er lächelte mich an und ich sah in seinen Augen, dass er mich nicht für meinen geplanten Seitensprung verurteilte. »Ich bin gerade frisch geschieden.« Wir tranken noch einen Schluck. Das Thema wollten wir beide nicht besonders vertiefen. Das war auch gut so.

Obwohl er um einiges älter war als ich, fand ich ihn äußerst attraktiv. Keine Spur von einem Bierbauch unter seinem Hemd. Er trug ein hübsches Sakko darüber. Er sah, wie ich ihn musterte. »Tut mir leid, ich hatte keine Zeit mehr, mein Arbeitsoutfit abzulegen und in legerere Klamotten zu springen.« Ich konnte nicht »Ich auch nicht« sagen, Strapse und kurzer Rock im Büro? Das hätte er mir sowieso nicht geglaubt.

Ich nutzte meine kurze Sprachlosigkeit und ging einfach in die Vollen. Ich küsste ihn. Damit hatte er nicht gerechnet. Ich auch nicht.

Etwa eine Stunde später lagen wir hechelnd nebeneinander auf dem Bett.

»Das war der Wahnsinn«, sagte er.

»Ja! Und um deine Ausdauer würden dich viele Männer beneiden.«

»Vielen Dank«, sagte er. »Aber im Training stehe ich momentan weiß Gott nicht.«

»Wie ist es denn erst, wenn doch?«

Wir lachten. Ich kannte von diesem sexy Mann neben mir nichts weiter als seinen Namen, sein Alter und sein Aussehen. Alles erfahren aus dem Internet. Des Weiteren wusste ich, dass er göttlich gut küsst, weiß, was eine Frau will und wo der G-Punkt sitzt. Solch einen gigantischen Orgasmus hatte ich jahrelang nicht gehabt. Er hatte Haare auf der Brust, nicht zu viel und nicht zu wenige. Seine Hände fühlten sich an, als hätten sie sich beim Liebesspiel vermehrt. Sie waren einfach überall gewesen.

Wir gingen zusammen unter die Dusche und die vorangegangene Leidenschaft vom Bett war intensiver Zärtlichkeit unter warmem Wasser gewichen.

Morgens saßen wir mit Augenringen und einem breiten Grinsen auf dem Bett und aßen Frühstück vom Zimmerservice.

Ich weiß, ich bin fremdgegangen. Und ja, es war schön. Es sollte mein einziger Sex mit einem anderen Mann bleiben. Ich sah Dominik nie wieder.

RATSCH

Julie (29), Sachbearbeiterin, Schleswig,
über
Max (32), Sachbearbeiter, Schleswig

Jeden Tag um Punkt 9:09 Uhr ging ich in die kleine Küche unserer Büroetage, um mir einen Kaffee zu kochen. Zwei lange Jahre lang. Dazu muss man wissen: Ich hasse Kaffee. Dennoch trank ich jeden verdammten Tag eine ganze Tasse davon. Warum, fragen Sie sich?

Max, der wunderschöne Max war der Grund. Er nahm zwei Jahre zuvor einen Job einige Büros neben mir an. Täglich um 9:10 Uhr kam er in die Küche, um sich sein zweites Frühstück – einen Becher Müsli und einen Kaffee – zu machen. Und jeden Tag nahm ich mir aufs Neue vor, ihn auf ein Date anzusprechen. Doch unsere Dialoge beschränkten sich auf das Wetter und auf die Feiertage, die gerade vor oder hinter uns lagen. Ob er jemals gemerkt hat, dass ich nur wegen ihm ab 8:30 Uhr alle zwei Minuten auf die Uhr schauen musste, um dann um 8:55 Uhr zur Toilette zu gehen und mir die Nase zu pudern? Nur, um dann um 9:09 Uhr ganz lässig an seinem Büro vorbeizuschlendern und mir in der Küche einen Kaffee zu kochen? Ich glaube kaum.

Meine liebe Freundin Sandra sagte mal zu mir: »Du musst ihn schocken. Trag mal einen Ausschnitt bis zum Bauchnabel, schmink dich wie Marilyn Manson oder rülpse laut. Was auch immer. Hauptsache, er bemerkt dich mal richtig! Er weiß wahrscheinlich noch nicht einmal, welche Haarfarbe du hast.« Ich musste mir eingestehen, dass sie wohl recht hatte. Ich musste etwas unternehmen. Denn schon seit seinem ersten Arbeitstag bei uns in der Abteilung verfolgte er mich bis in meine feuchtesten Träume. Abends, wenn ich mal wieder nicht einschlafen konnte, stellte ich mir heißen Sex mit ihm unter der Dusche vor. Oder im Treppenhaus. Oder erst im Treppenhaus und dann in der Dusche …

Dann kam der Tag, der alles veränderte. Ich war nach drei Wochen Urlaub morgens um sieben an meinem Schreibtisch angekommen und sah einen Brief mit meinem Namen darauf liegen.

Liebe Kolleginnen und Kollegen, unsere Weihnachtsfeier wird aus organisatorischen Gründen auf den 04.12. ab 16 Uhr vorver-

legt. Wir hoffen, dass Sie sich auch diesen Termin einrichten können.
Traditionell sollte das Julklappgeschenk einen Wert von zehn Euro
nicht übersteigen. Da der 4.12. ein Montag ist, wird am Dienstag den
5.12. die Arbeitszeit für alle Abteilungen einheitlich erst um 10 Uhr
beginnen. Ho Ho Ho, die Geschäftsstellenleitung.

Ein Blick auf den digitalen Kalender über der Tür ließ mich
prompt in Panik geraten. Er zeigte den 4.12. an. Heute war schon
die Weihnachtsfeier? Julklapp? Ich hatte kein Geschenk. Mein Outfit an diesem Tag entsprach genau der Stimmung, die nahezu jeder
hat, wenn der Wecker nach drei Wochen Ausschlafen wieder um
5:30 Uhr klingelt.

Ich lief zu meiner Kollegin ins Nachbarbüro, sie organisierte
die alljährliche Weihnachtsfeier mit. »Christina, ist heute wirklich
schon die Weihnachtsfeier? Warum das denn? Ich bin gar nicht
vorbereitet.« Sie schaute mich stirnrunzelnd an, so als hätte ich ihr
gerade gesagt, dass Schweine fliegen können.

»Das steht doch schon seit Wochen fest. Ach, und hier ist noch
das letzte Julklapplos, das übrig geblieben ist.« Und, schwups,
stand ich mit dem Los in der Hand wieder in meinem Büro und
hatte keine Zeit mehr, um mich vorzubereiten. Ich entfaltete den
Zettel und hoffte inständig, dass ich nicht meinem penetrant nach
Schweiß riechenden Kollegen Klaus ein Geschenk machen musste.
Sonst würde ich bei Rossmann um die Ecke mehr als zehn Euro
in die Hand nehmen.

»Max« stand groß und breit auf dem Zettel. Ich las es noch mal.
Und noch mal. »Max«. Ich sollte Max ein Geschenk kaufen? Mein
Herz machte einen Hüpfer und ich griff sofort zum Telefon, um
Sandra anzurufen.

»Du musst mir helfen! Ich habe heute schon meine Weihnachtsfeier und ich sehe aus wie ein Schlumpf. Und zu allem Übel
muss ich für Max noch ein Julklappgeschenk besorgen. Das wäre
an sich in der Mittagspause kein Problem, aber ich habe nicht
mal den kleinsten Schimmer, was ich ihm schenken könnte.« –

»Kondome«, entgegnete sie spontan. Das ist Sandra. »Du bist mir ja mal wieder eine Hilfe ...« – »Bircher Müsli.« – »Die Idee kam mir auch gleich.« – »Julie, das ist deine Chance. Schenk ihm etwas, was euch beide einen Schritt weiterbringt.« – »Okay. Aber was? Hilfe!!!« Massageöl, kam mir spontan in den Sinn. Am anderen Ende der Leitung konnte ich regelrecht hören, wie bei Sandra die Gehirnzellen arbeiteten. Dann sagte sie: »Julie! Antworte jetzt bitte ganz schnell!« – »Okay.« – »Vertraust du mir?« – »Uneingeschränkt.« Ich war selbst erstaunt, mit welcher Überzeugung ich das so blitzschnell gesagt hatte. »Gut. Ich fahre jetzt zu dir, zum Glück habe ich deinen Ersatzschlüssel und packe dir Klamotten für die Feier ein. Dann besorge ich dir ein Geschenk für sexy Max und komme dann pünktlich zu deinem Feierabend um halb vier zu dir auf Arbeit. Ich habe dich lieb. Bis später.« Tut, tut, tut. Und schon war sie weg.

Ich ließ mich in meinen Stuhl fallen und brachte meine gemischten Gefühle in eine Reihenfolge. Auf der einen Seite dämmerte mir, dass sie nicht ein einziges dezentes Kleidungsstück einpacken würde. Aber vielleicht war das auch ganz gut so. Auf der anderen Seite blieb mir keine andere Wahl, da die Zeit drängte. Ich beschloss, nicht weiter darüber nachzudenken und später wie gewohnt um 9:09 Uhr meinen ersten Kaffee seit drei Wochen zu kochen.

»Das ist dein Tag! Euer Tag!«, hörte ich Sandra rufen, als sie – entgegen ihrer Natur – pünktlich wie die Maurer auf der Schwelle zu meinem Büro stand. »Pssssst, bist du denn verrückt?«, fragte ich schockiert. »Er sitzt nur ein paar Büros weiter und hat keinen blassen Schimmer.« Ich zog sie in mein Arbeitsrevier und schloss die Tür hinter uns zu. »Erst mal danke, dass du mir aus der Patsche hilfst«, sagte ich und umarmte sie. »Nicht so voreilig. Gleich könntest du mich hassen«, entgegnete sie mit hochgezogenen Augenbrauen. »Was hast du mir eingepackt?« Sie hielt die Tüte auf und zum Vorschein kam mein Etuikleid, in welches ich schon seit zwei Jahren nicht mehr richtig gepasst hatte. »Um Himmels willen, ich werde heute als Presswurst gehen.« Sie lachte und sagte: »Süße, du hast gerade drei Kilo abgenommen. Und heute mindestens noch mal ein Kilo Angstschweiß.« – »Hast du wenigstens eine Strumpfhose dabei?« – »Meine Oma trägt Strumpfhosen.« – »Okay, reden wir nicht drüber. Was hast du ihm als Geschenk gekauft?« – »XL-Kondome und Viagra.« – »Du spinnst. Nein, oder?« – »Nein, habe ich natürlich nicht.« Puh. »Was dann?« – »Ich war in der Buchhandlung und erinnerte mich an meine Freundin Jana, die mir vor Kurzem von einem Buch erzählt hat.« – »Spann mich nicht so lange auf die Folter.« – »*Perfekte Nächte. 100 Tipps gegen schlechten Sex.*« Ich schluckte. Das war sicherlich kein Scherz. Sie fügte noch hinzu: »Was denn? Sie hatte auch von dem Buch *Schlechter Sex* erzählt, wäre dir das etwa lieber gewesen?« Es nützte nichts. Sandra ist und bleibt eben Sandra.

»Sag mal, so ein Geschenk kann doch nur von dir kommen, oder?« Max stand neben mir am Buffet und lächelte mich an, wie er es noch nie zuvor getan hatte. Meine Knie wurden auf der Stelle weich und ein dicker Frosch setzte sich in meinem Hals fest. Ich brachte keinen einzigen Ton heraus. Sandra hätte im Gegensatz zu mir sofort einen Spruch auf Lager gehabt. Verdammte Schüchternheit.

Ich trank, nein soff, drei Gläser Prosecco binnen zehn Minuten, nahm all meinen Mut zusammen und setzte mich dann neben ihn. »Wenn ich ehrlich bin, hat mir das Julklappgeschenk eine Freundin besorgt«, sagte ich leise.

»Und du bist dir sicher, dass sie wirklich eine Freundin ist?«, antwortete er und grinste mich verführerisch an. »Manch einer unserer Kollegen hätte sich vielleicht darüber echauffiert.« – »Aber du nicht?« – »Absolut nicht, ganz im Gegenteil. Ich hätte heute als Geschenk eher feuchtes Toilettenpapier erwartet. Das Buch hat mich wirklich überrascht. Positiv überrascht.« Mir fiel ein Stein vom Herzen. Wie Max so neben mir saß, wirkte er noch viel anziehender, als ich es bis dahin täglich schon vor der Kaffeemaschine empfunden hatte. »Du bist viel lockerer, als ich immer gedacht hatte«, sagte Max später nach einigen gemeinsamen Drinks zu mir. »Danke, du auch«, entgegnete ich und hatte das erste Mal die leise Hoffnung, dass es was zwischen uns werden könnte.

*

Ich lehnte an der Wand seiner Wohnungstür, als er diese aufschloss, zog ihn an seiner Krawatte zu mir heran und küsste ihn mit all meiner angestauten Lust. »Ich will dich«, flüsterte ich ihm zu und er drückte seinen Unterleib gegen mich. Die ganze Fahrt im Taxi waren wir schon übereinander hergefallen. Dass der Taxifahrer bei unserem wilden Treiben auf der Rückbank keinen Unfall gebaut hatte, wunderte mich.

Als wir endlich im Flur seiner Wohnung angekommen waren, fielen unsere Schuhe und der Sexratgeber zu Boden. Wenn Max in allem so talentiert war wie beim Küssen, konnte er den Perfekte-Nächte-Ratgeber getrost verschenken. Dass ich am Ende des Abends diejenige sein würde, die das Buch gebrauchen könnte, ahnte ich noch nicht.

Er zog mich in sein Wohnzimmer, was mich eher an ein Luxus-Möbelhaus als an eine Junggesellenbude erinnerte. Weiße Couch, heller Teppich, hochwertige Schränke und ein Flat TV an der Wand, der es mit jeder Kinoleinwand hätte aufnehmen können. Einzig der Katzenbaum erinnerte an eine bewohnte Wohnung.

Aber das alles interessierte mich nicht. Ich wollte nur Max. Der Staudamm in meinem Schritt drohte schon seit der Taxifahrt zu brechen.

Er setzte sich auf die Couch, nahm mein Gesicht in seine Hände und zog mich auf seinen Schoß. Ich wollte ihm gern folgen, doch leider hinderte mich mein viel zu enges Kleid daran. Ich konnte meine Beine beim besten Willen nicht weit genug spreizen, um mich auf ihn zu setzen. Ich versuchte es trotzdem. Vielleicht rutschte das Kleid ja einfach hoch.

Doch plötzlich machte es laut »Ratsch«, ich fiel regelrecht auf seine Schenkel und schon war mein Kleid bis zur Hüfte aufgerissen. Max prustete los und auch ich fing laut zu lachen an. »Ich hätte dieses Kleid eh nie wieder getragen«, sagte ich und stieg von ihm herab. »Schade eigentlich. Du hast heute verdammt sexy darin ausgesehen«, sagte er kichernd und stand auf. »Ich hole uns erst mal ein Glas Wein.«

Kurze Zeit später kam er mit zwei Gläsern Rotwein zurück und ich versteckte meinen entblößten Hintern. Wir tranken einen Schluck und die heißen Blicke machten klar, dass unsere Libido keinen Schaden von meiner Kleiderpanne genommen hatte. Kaum hatte ich mein Glas wieder auf den Tisch gestellt, drückte ich mich an ihn und er zog mir mein Kleid nun gänzlich aus. Zum Glück hatte mir Sandra meine hübschen Spitzendessous eingepackt. Du hast einfach an alles gedacht, lobte ich sie in Gedanken.

Ich zog ihm sein Hemd aus und bewunderte seinen männlichen Oberkörper. So muss ein Mann aussehen, dachte ich. Leichte Brusthaare, keine übermäßigen Muskelberge, sondern ein gelungener, leicht trainierter Oberkörper. Während meine Hände seinen Körper erforschten, tat er Selbiges über dem Slip mit meinem Schritt. Ich zog die Luft scharf ein und spürte, wie nass mein Slip war. Ihn turnte das ebenso an wie mich und er zog meinen Slip beiseite. Steck mir einen Finger rein, dachte ich und als wenn er meine Gedanken gehört hätte, tat er es auch schon. Mit zwei Fingern und einem lustvollen Stöhnen drang er in mich ein. Ich griff automatisch in seinen Schritt, öffnete seine Hose und fing an, seinen überaus prächtigen Schwanz zu massieren. Ich wollte mich ein klein wenig drehen, um ihn besser an und in mich zu lassen, da machte es »Plup« und ich spürte, wie etwas an meinem rechten Fuß nachgab. Ich drehte mich schnell um und sah das volle Glas Rotwein in Zeitlupe auf den weißen Teppichboden fallen. Ein leises »Shit« entwich mir und Max wusste augenblicklich Bescheid. »Verdammt, mein schöner neuer Teppich«, fluchte er und sprang sofort auf. Seine Hose fiel bei den ersten Schritten zu Boden und hinderte ihn daran, schnell in die Küche zu rennen, um ein Tuch zu holen.

»Mist, verdammter«, hörte ich ihn noch einmal fluchen und ich fühlte mich elend. Jetzt hatte ich seinen schönen Teppich versaut. Ich hatte zwischenzeitlich schon nach meinem Kleid gegriffen und rubbelte unsinnig auf dem Fleck rum. Er war riesig. »Oh Gott, es tut mir so leid«, sagte ich immer wieder. Etwas Besseres fiel mir einfach nicht ein. Ich kniete nun auf dem Boden, mit einem zur Seite geschobenen Slip und rubbelte mit meinem zerrissenen Kleid auf dem Boden rum. Max kniete nun nur noch in Boxershorts neben mir, rubbelte ebenso ohne Erfolg auf dem Fleck rum und sagte: »Was soll's, kann ja mal passieren.« Ich glaubte ihm kein Wort. Sauer war er. Und zwar richtig.

Plötzlich musste ich lachen. »Was ist?«, fragte er ganz ungläubig. »Von hier sieht der Fleck aus wie ein pinkelnder Hund. Schau mal.« Max robbte zu mir rüber und musste auch lachen. Ein Glück. »Stimmt, du hast recht. Wie ein Rottweiler, der an einen Baum pinkelt.« – »Es tut mir ehrlich leid.« – »Ach, es ist ja nur ein Teppich. Jetzt steht es eins zu eins. Dein Kleid, mein Teppich. Morgen fahren wir einfach ins Shoppingcenter.« Jetzt klang er schon viel entspannter. »Einverstanden. Außerdem ist das nur passiert, weil du so geschickt mit deinen Händen bist. Ich habe mich einfach nicht beherrschen können …« Das rang ihm ein stolzes Schmunzeln ab und er kam mir mit den Worten »Na dann machen wir einfach genau da weiter« näher und küsste mich. Wir waren dem missglückten Sexabenteuer noch mal von der Schippe gesprungen, dachte ich.

Er stand auf, nahm mich wortlos an der Hand und wir gingen in sein Schlafzimmer. Ich brauche an dieser Stelle wahrscheinlich nicht zu erwähnen, wie perfekt eingerichtet es war. Auf seinem Bett schlief eine hübsche schwarze Katze, was ich für eine Junggesellenwohnung ungewöhnlich empfand. Sind da sonst nicht die einzigen Lebewesen Silberfische und Schimmelpilzkulturen? Na ja, egal.

Er scheuchte sie vom Bett, schmiss mich darauf und vergrub seinen Kopf augenblicklich zwischen meinen Beinen. Meine Güte, er konnte mit seiner Zunge so begnadet umgehen wie die Klitschkos mit ihren Fäusten. Ich krallte meine Fingernägel in seiner Bettdecke fest, stöhnte immer wieder vor lauter Lust laut auf und gab mich seinem perfekten Zungenspiel hin. Ich spürte, wie sich mein Orgasmus ankündigte, und entschied, dass ich ihn lieber dabei in mir hätte. Ich zog ihn sanft zu mir hoch, küsste ihn und schmeckte meine Lust auf seiner Zunge. Ich war nun an der Reihe und hatte nicht vor, ihn weniger als er mich zuvor genießen zu lassen. Ich nahm seinen Schwanz in die Hand – er war so dermaßen prall und steif, wie ich es selten zuvor gesehen hatte – und umschloss ihn mit meinen feuchten Lippen. Genüsslich lutschte ich sein prächtigstes Stück und spielte mal zart, mal intensiver mit meiner Zunge. Mit meiner rechten Hand massierte ich dabei abwechselnd seine Hoden und seinen Schaft, er stöhnte lustvoll im Rhythmus meiner Bewegungen mit. Ich lag auf dem Bauch, meine Beine hingen über das Bett hinaus. Plötzlich – völlig unvorbereitet – grub sich etwas Spitzes mit voller Wucht in meine Fußsohle. Der Schreck ließ mich heftig zusammenzucken und ich (bzw. Max) kann von Glück reden, dass ich sein liebstes Stück in diesem Moment nicht in meinem Mund hatte. Doch leider sah das bei meinen Fingernägeln anders aus. Die hatte ich nämlich vor lauter Schreck in seine Vorhaut kurz unter der Eichel gekrallt. Er zuckte fürchterlich zusammen, zog sein Bein mit einem Ruck hoch und sein Knie stattete meiner Nase höchstpersönlich einen Besuch ab. Fingernägel in Vorhaut, Knie an Nase und Nase blutete. Jackpot.

Erst dann stellte sich der Ursprung allen Übels heraus: Die Katze hatte mein Fußkettchen zu ihrem neuen Spielzeug ernannt. Ihre Krallen hatten sich wie kleine, scharfe Messer in meine Fußsohle gebohrt. Diese hatte sie zuvor bestimmt extra an dem Kratzbaum scharf gewetzt. Prima.

GUTE VORSÄTZE

Amelie (34), Automobilkauffrau, Hamburg,
über
Mario (36), Barkeeper, Hamburg

Für Neujahr 2012 fasste ich drei Vorsätze, an die ich mich – diesmal wirklich – halten wollte. Erstens: Ich wollte endlich mal wieder spontan sein. Jahrelang hatte ich jeden Tag nach dem gleich Schema gelebt und mein Leben hatte so viel Spannung wie die Haut meiner 80-jährigen Oma. Das musste sich ändern.

Zweitens: Ich wollte endlich den Mann fürs Leben finden. Immer wieder hatte ich an den Männern in meinem Leben etwas auszusetzen gehabt. Kompromisse müssen eingegangen werden, beschloss ich. Besser werden die Männer auch nicht, je länger ich warte und je älter wir alle werden. Wer will denn schon die Reste haben?

Drittens: Ich wollte endlich mal einen Orgasmus beim Sex haben.

»Es muss an mir liegen«, erzählte ich meiner Freundin in der Silvesternacht. »Es können doch nicht alle Männer in meinem Leben schlecht im Bett gewesen sein, oder?« Ich nahm einen weiteren Schluck aus meinem Glas und schaute in das mitleidige Gesicht meiner Freundin. »Ich bin frigide«, stellte ich fest und hielt mein Glas zum Prosten hoch. »Süße, jetzt übertreibe mal nicht. Du bist vieles, aber bestimmt nicht frigide oder verklemmt. Wir gehen im Januar mal zusammen aus und werden dir einen tollen Mann suchen, der dir den Orgasmus deines Lebens verpasst. Und dann gleich noch einen.« Sie versuchte, mich zu trösten. Und es klappte. Halleluja.

Drei Wochen später war es dann so weit. Wir machten uns hübsch und gingen für den Anfang auf einen Cocktail in eine Bar. Ich hatte an diesem Abend viel vor, aber ganz sicher keinen Mann mit nach Hause zu nehmen. Ich hatte es mir zwar vorgenommen, aber aus meiner Haut konnte ich auch in den ersten Wochen von 2012 nicht heraus. Spontaner war ich, ja, aber sicherlich nicht so spontan, mit einem Mann aus einer Disco Sex zu haben.

»Oh Gott, ist der Kellner sexy«, sagte ich zu meiner Freundin, als wir gerade zwei Hugo bei ihm bestellt hatten. »Ich hätte einen Sex on the Table nehmen sollen«, sagte ich leise hinterher und meinte es auch genau so. »Was ist denn mit dir los?«, fragte sie und klopfte mir auf die Schulter. Ich wusste es selbst nicht so genau. Ist von meinen Vorsätzen vielleicht doch etwas hängen geblieben?

Als der Barkeeper uns unsere Drinks hinstellte, suchte ich seinen Blick. Ich bekam ihn mit einem Lächeln zurück. »Genießen Sie ihn«, sagte er und deutete dabei auf den leckeren Hugo vor mir. »Das werde ich«, sagte ich so flirtend, wie ich es noch nie getan hatte. Meine Freundin schüttelte ungläubig – aber stolz – den Kopf. Wir stießen auf Vorsatz Nummer drei an.

Ich konnte es kaum fassen, als ich zwei Stunden später an diese Szene zurückdachte. Ich stand vor der Tür des Mannes, der mir den leckersten Hugo aller Zeiten serviert hatte. Mario. Ich wollte es einfach wagen. Vielleicht würde ich den Sex meines Lebens haben, dachte ich. Oder den schlechtesten Sex meines Lebens. Was auch immer, ich war bereit dazu.

Mario küsste mich, gleich nachdem ich meine Jacke ausgezogen hatte. Er wollte wohl keine Zeit verlieren. Ich auch nicht.

Er küsste gut. Unverschämt gut. Er zog mich noch im Flur fast komplett aus, ich kam bei ihm nur bis zum Shirt. Darunter versteckte sich ein Männeroberkörper, wie er für mich schöner nicht hätte sein können. Kein Waschbrettbauch wie die Jungs, denen man am liebsten eine Schnitte schmieren möchte, damit sie mal was auf die Rippen bekommen. Aber auch kein Bierbauch. Eine gute Mischung eben.

Seine Hände erkundeten meinen Rücken, fuhren langsam die Seiten meiner Brust entlang und ich bekam Gänsehaut. Gänsehaut, das hatte mir gefehlt.

Ich konnte es noch immer nicht fassen, was ich da tat. Aber dass es in den Minuten darauf noch unfassbarer werden würde, ahnte ich noch nicht.

Wir gingen küssend in sein Schlafzimmer. Das Licht blieb aus. Es leuchtete nur ein Lichtschein aus dem Flur ins Zimmer, das war sehr angenehm.

Ich zog ihm seine Jeans aus. Ich hatte noch nie einen Mann gesehen, der in normalen schwarzen engen Shorts so sexy ausgesehen hatte wie er in diesem Moment. Seine Lust zeichnete sich in stattlicher Größe darunter ab. Gerade, als er mir meinen Slip auszog und sich zwischen meine Beine begeben hatte, hörte ich etwas. Ein Klicken. Das Klicken eines Schlüssels, das sich im Schloss dreht.

»Um Gottes willen«, stieß ich hervor und richtete mich auf. Mario rührte sich nicht und küsste weiterhin meine Scham.

»Wer kommt denn da?«

Er blickte zu mir auf und schaute mich an, als wäre es das Normalste der Welt, dass jemand in seine Wohnung kommt, wenn er gerade mit einer Frau beschäftigt ist.

»Lass dich einfach überraschen. Leg dich wieder hin.« Mir war das alles zu viel. Ich hätte das einfach nicht tun sollen, dachte ich. »Vertrau mir«, sagte er hinterher, als er mir meine Zweifel an all dem ansah. Am liebsten hätte ich gesagt: »Du bist gut, einem fremden Mann vertrauen? Was, wenn der Besuch ein Frauenmörder ist?« Ich sagte es natürlich nicht, bewegte mich aber auch nicht und wartete lieber ab.

Dann sah ich sie, eine hübsche blonde Frau. Sie stand im Türrahmen und schaute auf das Bett, in dem wir lagen. Mario nach wie vor mit dem Gesicht zwischen meinen Beinen. Ich guckte sie an. Sie hatte keinen Teller in der Hand, den sie nach uns schmeißen wollte. Sie stand kurz da, ich konnte nur ihre Silhouette erkennen. Das Licht des Flurs war in ihrem Rücken. Sie trat herein und ging langsam auf uns zu. Viel zu langsam für eine wütende Freundin. Was war hier los?, fragte ich mich. »Ich weiß gerade nicht …« Sie kniete sich aufs Bett, direkt neben Marios Kopf, und kam meinem Gesicht ganz nahe. Sie sah hübsch aus, ein wenig jünger als ich. Sie sah mich nicht wütend an. Das sah ich sofort. Aber den Blick in ihren Augen konnte ich erst deuten, als sie mich fragte: »Darf ich dich auch küssen? Das wollte ich schon immer mal tun.« Ich konnte es kaum fassen. War das etwa abgesprochen gewesen? Was ist denn hier los?, fragte ich mich. Ist denn keiner außer mir mehr normal? Und trotzdem war die Situation so skurril, dass ich es schon wieder mutig von ihr fand. Und von ihm auch.

Ich stammelte ein »Ja« und beschloss mit diesen zwei kleinen Buchstaben, einfach alles auf mich zukommen zu lassen. Im nächsten Moment hatte ich schon ihre weichen Lippen auf meinen.

Die Stunden danach waren eine einzige Explosion der Gefühle. Sie – ich kenne ihren Namen bis heute noch nicht – zeigte mir, wie sinnlich und elegant eine Frau im Bett sein kann. Sie wusste, wie es eine Frau mag und wie sie berührt werden will.

Es war das erste Mal für mich und ich glaube auch für sie. Mario war seit ihrem Dazukommen hübsches Beiwerk gewesen und doch die Hauptattraktion. Eine riesige, wohlgemerkt.

Wir hatten uns nach dieser tollen Nacht und einem wohlverdienten Kaffee nie wiedergesehen.

Ich erfuhr später, dass die beiden schon ewig ein Paar waren. Sie haben mich als Abenteuer für zwischendurch benutzt. Und es hat Spaß gemacht. Sehr großen sogar. Vorsatz drei wurde zwei Mal erfüllt. Wow.

Dennoch würde ich nie wieder mit einem Mann mitgehen. Das brauche ich auch nicht, denn ich habe inzwischen einen tollen Mann an meiner Seite. Endlich. Was für ein Jahr 2012 …

DER TAG DANACH

Rosa (29), Personalleiterin, Würzburg,
über
Jennifer (32), Sekretärin, Würzburg

Na, Schnapsdrossel … Kaffee?« Mein Kopf brummte schreck-lich. Ich konnte die Stimme, die mich so fröhlich begrüßte, noch niemandem zuordnen. Den Versuch, die Augen zu öffnen, dankte mir mein Kopf mit einem stechenden Schmerz à la »Hellig-keit kommt hier nicht rein!«. »Ich brauche noch einen Moment. Mein Körper ist noch nicht mit mir erwacht«, sagte meine Stimme automatisch, ohne genau zu wissen, wem sie da antwortete. Und im nächsten Moment hatte mich der Schlaf, den ich noch so nötig brauchte, wieder.

»Hey, es ist schon Nachmittag«, hörte ich die Stimme erneut aus einiger Entfernung trällern. Gute Laune sollte um diese Uhrzeit verboten werden, dachte ich still. Sie machte mir meinen Zustand nur noch bewusster.

»Oh Gott, ich fühle mich schrecklich«, stammelte ich und ver-suchte erneut, die Augen zu öffnen. Es gelang und ich entdeckte Jenny. Sie stand im Türrahmen und lächelte freudestrahlend. Es tat gut, ein vertrautes Gesicht zu sehen. Doch etwas war anders. Sie sah irgendwie glücklich aus. Glücklicher als sonst auf der Arbeit. Sie sitzt normalerweise einige Räume weiter, ist immer zurück-haltend, sehr professionell und fällt eigentlich nie und niemandem auf, allenfalls durch ihre gute Arbeit. Aber mit einer glückserfüllten Stimme hatte ich sie noch nie gehört. Deshalb erkannte ich sie auch nicht sofort.

Diese Gedanken schossen mir binnen Sekunden durch den Kopf. Ich erwiderte ihr Lächeln und es verging mir beinahe gleich wieder. Denn ich sah an ihr herunter und sah viel, außer Stoff. Sie hatte ein knappes Shirt an, es ging ihr nur bis zu den Hüft-knochen. Sie trug offensichtlich nichts darunter. Ein knapper Slip saß hübsch auf ihren Hüften. Unter meiner Decke fühlte ich an meinem Körper entlang. Da war noch weniger als an ihrem Körper zu ertasten. Bis auf meine Lieblingskette trug ich: nichts!

»Oh mein Gott, Jenny. Ich weiß nicht, warum ich bei dir bin.«

»Ich weiß«, sagte sie nickend und beruhigend zugleich.

»Das ist mir schrecklich peinlich.«

»Braucht es nicht.«

»Ich habe irgendwie nichts an.« Ich musste lachen. Ein verzweifeltes, aber trotzdem amüsiertes Lachen. Sie stimmte mit ein.

»Auch das weiß ich. Das Bad ist gleich nebenan und der Schrank hier ist voller Klamotten. Wir haben ja ungefähr dieselbe Größe. Such dir was raus, mach dich frisch und ich hole derweil Brötchen. Einverstanden?« Erleichterung machte sich in mir breit. Ich hatte viele Fragen und noch mehr einzelne Fetzen von Erinnerungen in meinem Kopf, doch sortiert hatte ich das alles noch nicht. Dazu hätte ich mit ihrem Vorschlag wenigstens noch Zeit.

»Du bist ein Schatz. Danke.«

»Super. Ach, Aspirin liegt neben der verpackten Zahnbürste auf dem Waschtisch«, sagte sie, holte sich einen Rock aus dem Schrank und ging. In diesem Moment liebte ich sie für ihr Verständnis und die Ruhe, die sie mir in meiner Situation gab.

Als ich ins Bad schlenderte und noch mit meinem Gleichgewicht kämpfte, jagten mir weiter meine Gedanken quer durch den Brummschädel.

Ich hatte Jenny auf der Arbeit noch nie als so tolle Frau gesehen, wie sie sich mir an diesem sonnigen Sommermorgen zeigte. Ich mochte sie schon immer, vor allem, weil sie einige der wenigen Frauen im Büro ist, die nicht den ganzen Tag mit Lästern in der Kaffeeküche beschäftigt sind. Nein, sie ist immer freundlich, zuvorkommend und macht ihren Job. Für mich als Personalleiterin eine sehr wichtige Beobachtung.

Nun versuchte ich, mich an den letzten Abend zu erinnern.

Wir hatten Sommergrillfest von der Firma. Was bei anderen Firmen die Weihnachtsfeier ist, ist bei uns die Sommerfeier. Livemusik, gutes Barbecue und Alkohol. Ich hatte mit einigen Kollegen belangloses Zeug gequatscht, alles war wie bei den Festen zuvor gewesen. Doch dann hatte ich mich an den Tisch von Jenny gesetzt, fiel mir wieder ein. Kurz danach verschwindet meine Erinnerung im Nebel. Ich beschloss, Jenny einfach zu fragen und zu allem zu stehen, was ich getan hatte. »Ich werde es überleben, so schlimm kann es schon nicht gewesen sein«, sagte ich zu meinem Spiegelbild.

»Tee oder Kaffee?«, fragte Jenny, als ich in ihre von der Sonne hell erleuchtete Küche kam. »Eine Sonnenbrille und einen Kaffee, bitte.«

»Bist du ein wenig ausgeschlafen?«, fragte sie, während sie mir eine Ray Ban reichte.

»Auf jeden Fall so viel, dass ich wieder klar denken kann. Wie sah es da gestern um mich aus?«

»Weißt du überhaupt noch etwas?«

»Um ehrlich zu sein, sehr wenig. An meinen letzten klaren Gedanken erinnere ich mich, als es noch hell draußen war.«

Sie lachte und reichte mir ein Brötchen. »Das wundert mich nicht. Du hast eine ganze Flasche Weißwein innerhalb von einer halben Stunde getrunken.« Sie hatte den Frühstückstisch genau nach meinem Geschmack gedeckt. Marmelade, Eier und einen großen Obstteller.

»Und vorher hatte ich bei den anderen am Tisch auch schon eine halbe gehabt. Was hat mich da nur geritten …«, sagte ich mehr zu mir selbst als zu Jenny. Sie saß entspannt auf ihrem Stuhl, ein Bein angewinkelt, und sah mit ihren hochgebundenen Haaren aus, als wäre sie einer Doku über die Hippiezeit entsprungen. »Du siehst privat ganz anders aus als auf der Arbeit. Irgendwie locker.« Sie lächelte mich an, es schien ein großes Kompliment für sie zu sein. »Ich bin bei der Arbeit gern distanzierter von meinen Kollegen.«

»Und was ist dann mit mir? Und überhaupt, wie komme ich eigentlich zu dir?« Sie aß ihr Brötchen auf, lehnte sich mit ihrer Tasse zurück und erzählt langsam: »Also, ganz von vorn. Du kamst zu unserem Tisch, hast dich gut mit uns unterhalten und alles war normal. Bis zu dem Punkt, als dich Gisela auf deinen Freund angesprochen hat. Du hast ein Glas nach dem anderen runtergekippt, über die kürzliche Trennung geflucht und geschworen, nie wieder was mit einem Mann anzufangen. Frauen wären dir lieber, hast du gesagt, die wären nicht so gefühlskalt und würden wegen keinem 20-jährigen Arsch eine Beziehung aufs Spiel setzen. So oder so ähnlich hattest du es ausgedrückt.« Ich geriet in Schockstarre. So viel hatte ich ausgeplaudert? Und mein Chef hatte am Tisch nebenan gesessen, daran konnte ich mich noch gut erinnern.

»Oh mein Gott, wo war denn bitte mein Verstand geblieben?« Sie lachte nur und schien das alles nicht so dramatisch zu finden, wie ich es tat. »Ich hatte gehofft, dass ich nur in einen Blumentopf gekotzt oder laut *Yesterday* gesungen habe. Aber intime Details aus meinem …« Mir blieben die Worte im Halse stecken. Ob mein Job auf dem Spiel steht, fragte ich mich mit weit aufgerissenen Augen und der Ray-Ban-Brille. »Ich habe dafür gesorgt, dass Chefe nicht mithört. Ich hatte Gisela zu ihm geschickt und sie hat ihn von uns abgelenkt.« – »Gott, bin ich erleichtert. Danke!« Mir fiel der Mount Everest von den Schultern.

»Okay, so weit, so gut. Aber wie bin ich nackt in dein Bett gekommen?«

»Ganz einfach, du wolltest Sex mit mir.« Wie bitte? Ich prustete meinen Schluck Tee auf den Boden, als sie das sagte. Küchenkrepp war sofort zur Hand.

»Ich wollte Sex? Mit einer Frau?«

»Ja. Ich wollte dich nach Hause fahren, aber du hast dich im Auto bis auf den Slip ausgezogen.« Ich wurde rot. Das war doch nicht ich, von der Jenny mir da erzählte.

»Es tut mir leid! Wirklich. Hatten wir denn … du weißt schon … irgendwas …«

»Nur einen Kuss. Und der war gar nicht so übel.« Sie schmunzelte und auch ihre Wangen wurden rot.

»Der war nicht übel? Ich muss wie eine Kneipentoilette geschmeckt haben.«

»Nein, das nicht. Der Kuss war erst heute Nacht gewesen.«

»Heute Nacht?«

»Ja, in dem Zustand konnte ich dich unmöglich allein zu Hause lassen. Die Gefahr, dass du stürzt und dir was tust, war einfach zu groß.«

»Stimmt auch wieder. Wie soll ich das bloß wiedergutmachen?«

»Ich brauche bestimmt auch mal eine Freundin«, sagte sie. Und sie hatte recht. Sie hatte sich wie eine Freundin verhalten. Und das, obwohl wir nur oberflächliche Arbeitskolleginnen waren. Waren!

»Gern! Also, du hast mich dann mit zu dir genommen?«

»Da ich wusste, dass dein Freund dich verlassen hatte und keiner auf dich aufpassen könnte, ja. Und du fandest die Idee gut. Letzte Nacht zumindest.« – »Die Idee war auch gut. Wer weiß, was ich sonst noch alles so getan hätte.«

»Ja, wer weiß. Ich habe dich bei mir unter die Dusche gestellt, du hattest im Auto aus meinem Fenster ... du weißt schon ...« – »Um Himmels willen.« – »Okay, ich erspare dir, nein uns, die Autofahrtdetails. Frisch geduscht hast du dich ins Bett gelegt und mich gefragt, ob du mich umarmen dürftest. Du hättest dich bei deinem Ex auch immer an den Po gekuschelt.« Ich wurde wieder rot. Was hatte ich denn noch alles erzählt?, fragte ich mich peinlich berührt.

»Du hast dich also an mich gekuschelt und hast keine zwei Minuten später geschlafen. Friedlich und ohne Brechreiz.« – »Du hast sicherlich drei Kreuze gemacht ...« – »Ich bin auch bald darauf eingeschlafen.« – »Und dann? Nachts meine ich.« – »Nachts bist du aufgewacht, hast dich an meinem Oberschenkel gerieben und mich geküsst.« Mir wurde schwindelig, ein Glück, dass ich auf einem Stuhl saß, als sie mir diese Worte so trocken wie das Brötchen in der Tüte um die Ohren haute.

»Ich habe mich an dir gerieben?«

»Ja. Und es hat sich gar nicht so verkehrt angefühlt, wie es sich jetzt anhören mag.«

»Danke.« Ich fühlte mich geschmeichelt. Warum eigentlich?, fragte ich mich.

»Ich habe dich nach einem Kuss allerdings wieder zum Schlafen bewegen können. Ich war auch ganz schlaftrunken und habe dich fast für meine Affäre gehalten, die ab und an bei mir übernachtet.« Normalerweise sollte ich mich gschamig fühlen, aber das tat ich seit einigen Minuten nicht mehr.

»Und nun?«

»… frühstücken wir, gehen bummeln, wenn du Lust hast und Montag sehen wir uns auf der Arbeit wieder.«

Das taten wir. Aber eines hatte sich an diesem Wochenende geändert. Wir wurden dicke Freundinnen. Nur auf der Arbeit hat es bis heute noch keiner mitbekommen. Es ist, als würden wir etwas Verbotenes tun, so wie es der Chef mit seiner neuen Assistentin tut. Wir schreiben uns intern ein, zwei Mails am Tag, kichern auf dem Klo, wenn wir uns dort zufällig begegnen, und treffen uns in der Mittagspause im Soupshop um die Ecke. Und eines haben wir auch noch für uns entdeckt: einen Dreier mit irgendeinem Typen, der sich gerade bietet. Nicht oft, alle paar Monate mal. Und dann: topsecret natürlich.

DOPPELTES VERGNÜGEN: TEIL I

Nele (21), Friseurin, Frankfurt/Oder,
über
Moritz (21), Tankwart, Frankfurt/Oder, und
Julian (26), Garten- und Landschaftsbauer, Frankfurt/Oder

Ich habe einen besten Freund, schon seit der ersten Klasse. Moritz. Wir trafen uns regelmäßig, verstanden uns super und hingen zusammen ab. So auch vor einem Jahr bei McDonald's. Dass dieser Abend unvergesslich werden würde, hatten wir bei BigMac und Cola noch nicht geahnt.

Als wir gerade gehen wollten, kam Julian, ein gemeinsamer Freund, herein und setzte sich zu uns. Ich hatte ihn schon Ewigkeiten nicht gesehen, was ich allerdings gar nicht so schlimm gefunden hatte. Aber in dieser spontanen Runde war es ganz lustig.

Wir gingen zusammen raus in die einsetzende Nacht, holten uns an der Tankstelle etwas zu trinken und kicherten über lustige Erlebnisse aus den vergangenen Jahren.

Es war schon nach null Uhr, als Moritz uns spontan einlud, bei ihm zu übernachten. Wir hatten alle drei Urlaub und eigentlich sprach nichts dagegen. Außer, dass seine Eltern, bei denen er noch wohnte, nichts davon mitbekommen sollten. Sie mochten keinen Übernachtungsbesuch mehr, seit eine in der Disco aufgerissene Blondine die ganze Nacht das Klo – und darüber hinaus die Bad-Deko drumherum – vollgekotzt hatte. Eine andere Geschichte …

Die besondere Herausforderung bestand darin, dass sein Zimmer direkt an das elterliche Schlafzimmer angrenzte. Besondere Vorsicht war geboten. So leise es in unserem leicht angetrunkenen Zustand möglich war, schlichen wir uns in sein Zimmer.

Wir lagen nebeneinander im Bett und guckten *Upps, die Pannenshow*. Eine meiner Schwächen ist meine ausgeprägte Schadenfreude, weshalb ich vor Lachkrämpfen in die Bettdecke beißen musste, um nicht das ganze Haus zusammenzubrüllen. Als die beiden nach und nach mit einstimmten, mussten wir den Fernseher ausmachen, um nicht alle drei den Eltern höchstpersönlich Hallo sagen zu müssen, wenn sie mit Fragezeichen in den Augen im Türrahmen stehen würden. Es war nahezu dunkel im Zimmer, als der Fernseher aus war, einzig das Licht der Straßenlaterne warf einen gelben Schein an die Decke.

Als ich gerade die Augen zumachte, um zu schlafen, spürte ich eine Hand an meinem Oberschenkel. Da die Hand von links kam, konnte es nur die von Julian sein. Ach du meine Güte, dachte ich. Was soll ich denn jetzt bloß machen? Will ich das wirklich?

Ratlos lag ich da und wartete ab, wie es weitergehen würde. Vielleicht hört er auf, wenn ich nicht reagiere, grübelte ich. Soll ich mich vielleicht wie ein Opossum tot stellen? Oder einfach schnarchen?

Als ich genauer darüber nachdachte, fand ich die Idee, mich sexuell zu betätigen, gar nicht so schlecht. Ich hatte zuvor schon eine halbe Ewigkeit keinen Sex mehr gehabt, und noch länger keinen guten Sex. Um genau zu sein, musste ich mein Langzeit-gedächtnis aktivieren, um die Akte »erfüllten Sex« in meinem Archiv zu finden.

Julian war überall bekannt für seine Frauengeschichten, Übung hatte er also genug. Und Übung soll ja bekanntlich den Meister machen.

»Also, was spricht schon dagegen?«, fragte mein Teufelchen lüstern zwinkernd auf meiner rechten Schulter. »Sei doch mal spontan, Schätzchen!«

Mein Engel auf der linken Schulter runzelte die Stirn und sagte: »Hallo? Da liegt dein langjähriger bester Freund mit im Bett. Was soll der denn bitte davon halten, wenn ihr hier eine fröhliche Nummer schiebt?« Das Engelchen verstummte, als ich auf meinem anderen Bein die Hand von Moritz spürte. Es schlug die Hände überm Kopf zusammen und flog davon, der Heiligenschein fiel zu Boden.

Hatten die beiden sich etwa abgesprochen?, fragte ich mich. Kann das ein Zufall sein, dass beide neben mir gleichzeitig an-fingen, an meinen Beinen herumzustreicheln?

Der beschwipste Teil meines Gehirns beschloss, einfach mitzu-machen. Zwei Männer im Bett zu haben war eine Premiere, und man soll alles im Leben mal ausprobiert haben. Und so übel waren die zwei nun wirklich nicht. Das Teufelchen rieb sich die Hände.

Als die Hand von Julian meinen Schenkel immer höher Richtung Lenden kam, war es um mich geschehen. Meine Lust sprang gänzlich aus ihrem Loch heraus und ich erwiderte deutlich die Avancen.

Die beiden waren die perfekte Mischung. Julian war der kräftige, direkte und griffige Typ, der einer Frau gern zeigt, wo es langgeht. Moritz dagegen war zärtlicher, vorsichtiger und wollte sich gern etwas mehr Zeit mit allem lassen. Moritz konnte super küssen, Julian war geschickt mit seinen Händen. Meine Brust wurde von dem einen lustvoll geknetet, der andere küsste mich höchst erotisch und zog mich dabei weiter aus. Als wir alle drei nahezu nackt im Bett lagen, wurde Julian um einiges wilder. Meine Lippen hingen weiter an denen von Moritz, als Julian zwischen meinen Beinen versank. Ich spürte sofort, dass Julian sich kaum beherrschen konnte. Er küsste, saugte und züngelte, als ob es kein Morgen gäbe. Als er dann seine Finger dazunahm, wurde er grenzwertig stürmisch und grob. Meine Libido bekam Herzrhythmusstörungen, Moritz war mit seinem überragenden Kusstalent der Defibrillator.

Wollte Julian meine Vagina vielleicht mit nach Hause nehmen?, fragte ich mich. Es fühlte sich an, als ob er sie abzuschrauben versuchte. Oder er wollte schon immer mal mit dem Mittelfinger der Gebärmutter Guten Tag sagen. Mission erfüllt, es war ihm gelungen.

So deutlich ich es mit meiner beschränkten Bewegungsfähigkeit deutlich machen konnte, signalisierte ich ihm, dass es genug sei. Mein Teufelchen war sich mittlerweile nicht mehr so sicher, ob es mich gut beraten hatte. Ich auch nicht. Jedenfalls was Julian betraf.

Moritz belebte meine Lust erfolgreich wieder. Julian hatte sich aus seiner Hosentasche ein Kondom besorgt und rammelte in seiner stürmischen Manier wie ein Stier in mir herum. Hätte ich einen Becher Sahne in der Hand gehabt, wäre sie innerhalb von 30 Sekunden steif gewesen. Das Teufelchen auf meiner Schulter wurde seekrank und verabschiedete sich kopfschüttelnd aus der Situation.

Es dauerte nicht lange, da war Julian mit einem Röcheln gekommen und hielt – endlich – inne. Welch ein Segen für meine Bandscheiben, dachte ich mir.

Jetzt würde der angenehme Teil kommen und ich könnte Moritz in Beschlag nehmen, dachte ich voller Vorfreude. Doch leider kam es nicht dazu.

Als Julian fertig war und ich ihn aus der Nähe sah, guckte ich schockiert in die schummrige Nacht hinein. Er sah irgendwie anders aus. Ganz anders. »Wie siehst du denn aus?«, fragte ich ein wenig zu entsetzt. Moritz machte mit einem geübten Griff das Licht an und ich fiel vor Schreck fast aus dem Bett. Ich musste mir ein lautes Kreischen verkneifen. Er war voller Blut! Sein weißes Shirt, das er als Einziges noch trug, war von der einen bis zur anderen Schulter blutverschmiert. Er sah aus, als hätte er es komplett in rote Farbe getränkt. Von seinem Gesicht ganz zu schweigen. Sogar seine Ohren waren in den Ohrmuscheln rot.

Moritz brachte vor lauter Schreck kein Wort heraus, Julian sagte nur, als er die Situation begriffen hatte: »Oh Gott, habe ich dich kaputt gemacht?« Ich schaute an mir herunter. Das ehemals weiße Bettlaken hatte viel mit einem Schlachtfeld gemein. Julian stand auf. Er sah entsetzlich aus. »Ich gehe dann mal ins Bad«, murmelte er. »Oh Gott, meine Eltern«, sagte Moritz erschrocken. »Wenn die das hier sehen, denken sie, dass ich in meinem Bett jemanden abgestochen habe.« Er wurde kreidebleich.

Ich antwortete, trotz allem zu Scherzen aufgelegt: »Sag einfach, du hast ein Mädchen entjungfert.« Wir lachten kurz, auch wenn er bei dem Blick auf das Bettlaken und meine Scham erneut den Kopf schüttelte. »Tut dir was weh?«, fragte er mich liebevoll. Ich hatte noch gar nicht darüber nachgedacht, dass das ganze Blut von meiner empfindlichsten Stelle stammen musste. Ich hörte kurz in mich hinein und antwortete erleichtert: »Nein, eigentlich nicht. Ich fühle mich nur gerade wie nach einer Achterbahnfahrt.«

Ich ging ins Bad und stellte mich unter die Dusche. Als ich zurück in das Zimmer kam, war Julian schon gegangen. Ihm war das alles sehr peinlich. Mir auch. Erst recht, als ich das Bett sah. Ich fragte Moritz, ob ich ihm irgendwie helfen solle, aber er winkte ab. Ich glaube, er wollte nur allein sein. Er würde die ganze Nacht putzen müssen, damit am nächsten Tag nichts mehr zu sehen war, dachte ich. Beim Anblick des Bettes wäre eine Tatortreinigung angemessen gewesen.

Wir redeten ganze drei Wochen nicht miteinander. Als wir uns auf dem Geburtstag eines Freundes wiedertrafen, beschlossen wir, das alles zu vergessen. Es war einfach nicht passiert.

Aber natürlich kann es keiner von uns ernsthaft vergessen. Immer, wenn ich Julian heute sehe, habe ich seinen Anblick, als in jener Nacht das Licht anging, vor meinen Augen. Zum Glück treffe ich ihn nicht sehr oft.

Moritz und ich sind weiterhin gute Freunde. Nur Freunde.

Später erzählte er mir, dass seine Eltern am nächsten Morgen fragten, was er in dieser Nacht in seinem Zimmer getrieben habe. Es hätte sich schrecklich angehört, ob er einen Horrorfilm gesehen habe. Er bejahte natürlich, sie hatten ihm damit die perfekte Ausrede auf dem Silbertablett serviert.

Außerdem hatte er nach dieser Nacht wenigstens einen guten Grund gehabt, seine durchgelegene alte Matratze auszutauschen. »Wenigstens etwas Gutes hatte es«, sagte ich und wir stießen an.

BONBON AUS WURST

Lotta (26), Chemikerin, Eisenach,
über
Emilio (32), Architekt, Eisenach

Seit mehr als vier Jahren sind wir enge Freunde. Emilio und ich hatten uns in einem Supermarkt kennengelernt. Wir hatten beide in einem engen Gang gestanden, er hatte mich versehentlich mit seinem Wagen angestoßen und ich warf daraufhin einen Aufsteller mit Dutzenden Schokoladentafeln um. Wir waren beide beim Aufsammeln aus dem Lachen nicht mehr rausgekommen und damit hatte unsere Freundschaft genau so begonnen, wie sie sich die ganzen Jahre über gestaltet hatte: lustig und ausgelassen. Mit ihm konnte ich all das machen, wozu ich komischerweise mit meinem Freund keine Lust hatte. Pferde stehlen war da noch das Harmloseste.

In der letzten Vorweihnachtszeit waren wir zusammen Geschenke für unsere Lieben kaufen gegangen, da sah ich einige Meter weiter meinen Exfreund mit einer anderen knutschen. Mitten auf der Straße. Das hatte er mit mir nie gemacht. Er war zwei Köpfe größer als sie, die beiden hatten ihre Zungen so weit ineinander verschlungen, dass man hätte denken können, er wolle sie füttern.

Mein Ex und ich hatten uns erst eine Woche zuvor getrennt. Ich war schockiert über sein leidenschaftliches Knutschen und Emilio sah mir das sofort an. Er nahm mich in den Arm und ich fühlte mich auf der Stelle besser, weil er in diesem Moment da war und ich dem nicht allein gegenüberstand.

»Wenn er uns auch sieht, dann küsse ich dich einfach«, flüsterte er mir ins Ohr. »Ich bin doch für ihn schon immer ein rotes Tuch gewesen …«, fügte er noch hinzu. In meinem Bauch kribbelte es. Emilio und ich, küssend?, das konnte ich mir einfach nicht vorstellen. Trotzdem fühlte es sich gut an. Mein Ex hatte uns nämlich während der ganzen Zeit unserer Beziehung vorgeworfen, dass Emilio und ich etwas miteinander hätten. Dem war natürlich nie so gewesen, auch wenn wir optisch sicherlich gut zusammengepasst hätten.

»Bist du dir sicher?«, fragte ich ziemlich ungläubig. Ich hatte noch nie daran gedacht, ihn irgendwann mal zu küssen. »Klar!

Aber vielleicht guckt er ja auch gar nicht«, zwinkerte er. Irgendetwas in mir hätte es sehr schade gefunden, wenn mein Ex uns nicht doch noch entdeckt hätte.

Er tat es tatsächlich nicht. Somit blieb ich – im Gegensatz zu dem gefütterten Püppchen im Arm meines Ex – ungeküsst. In den Stunden darauf kauften wir Drogerien, Dekoläden und Dunkin' Donuts leer. Währenddessen ging mir sein Angebot einfach nicht aus dem Kopf und dort schwirrten allerlei Fragen herum: Kam er nur aus Rache an meinem Ex auf die Idee, mich zu küssen? Wollte er womöglich etwas von mir? Wollte ich vielleicht sogar mehr von Emilio, meinem »Best Buddy«? Hätte er es überhaupt gemacht? Schließlich ist er mit Julia zusammen, die gerade für ein Jahr im Ausland ist. Hätte ich Julia gegenüber ein schlechtes Gewissen gehabt? Und, und, und …

»Was sagst du zu einer Pizza bei mir?«, riss Emilio mich aus meinen Gedanken. »Unbedingt! Und Wein, bitte. Den brauche ich heute. In Massen!« – »Okay, ich habe vier Flaschen zu Hause. Das dürfte für die nächsten zwei Stunden reichen …« Eigentlich der perfekte Mann, dachte ich mir. Er weiß immer, wonach mir gerade der Sinn steht.

Bei ihm angekommen, fühlte ich mich – wie immer – gleich wohl.

Auf dem Weg mit dem Fahrrad zu ihm hatte mir zu allem Überfluss auch noch ein Vogel auf den Oberschenkel gekackt.

»Komm, zieh die Hose aus. Bei dem Schiss würde selbst ein Strauß neidisch werden. Ich haue die Jeans in die Maschine und ich gebe dir eine Jogginghose von mir.« Ich liebte ihn für seine Weitsicht. Wenig später saßen wir schmatzend auf der Couch. Ich war wegen des Anblicks einige Stunden zuvor noch immer etwas betrübt, da sprang er auf und sagte: »Ich mache uns mal was Lustiges an.« Dann fummelte er an seinem DVD-Player herum und fügte hinzu: »Helge geht einfach immer. Ich habe mir meine eigene Best Of zusammengestellt. Die musst du dir anhören« und grinste mich breit an, als die ersten Töne zu hören waren. Dann ging es auch schon los ... *Käsebrot ist ein gutes Brot ... super sexy Käsebrot ...*

Es funktionierte, ich musste sofort lachen. Ich liebe Helge Schneider, sein Humor ist einfach super. Einige Lieder weiter war ich mit meiner Pizza fertig. Emilio sprang auf und hielt mir die Hand zum Tanzen hin: »Jetzt kommt mein absoluter Lieblingssong.« *Die Trompeeeeeeeee-ten von Mexiko ...* Ich nahm seine Hand und wir tanzten durch sein Wohnzimmer. Es tat unglaublich gut. Ich wünschte, mein Ex könnte das jetzt sehen, dachte ich. So viel Spaß hatte ich selten mit einer Salamipizza im Magen gehabt ... *Die Trompeeeeeee-ei-ei-ei-ei-ten von Mechiko ...*, ich konnte nicht mehr vor Lachen. Der Typ ist einfach toll. Emilio auch.

Und dann war er plötzlich da, der Moment, den es noch nie zwischen uns gegeben hatte. Spannung. Erotische Spannung. Knistern. Oh mein Gott, dachte ich. ... *Mi-mechiko, Mi-mechiko, Mi-mechiko ...* Wir standen uns gegenüber, noch immer leicht lachend, aber irgendwie auch mit einem flirtenden Blick gemischt, ... *sexy sexy Mexiko ...* und dann war es so weit, der vom Nachmittag überfällige Kuss. Er trat einfach einen Schritt auf mich zu und tat es. Wow, dachte ich. Was wird das hier bloß? Obwohl ich noch nie daran gedacht hatte, dass mich Emilio anziehen könnte, tat er es in diesem Moment so stark, dass mir schwindlig wurde. Ich erwiderte seinen Kuss, damit er ja nicht damit aufhörte ... *Fitze Fitze Fatze, Fitze Fitze Fatz ...* Emilio löste nach einem innigen Kuss seine Lippen von meinen. Ich stand wie hypnotisiert da und konnte mich nicht bewegen. »Ups«, sagte Emilio mehr zu sich selbst als zu mir. Ich grinste nur. Er auch ... *Sing Fitze Fatze wie es dir gefällt, dann kommen Freunde von alleine, sie wollen alle mit dir Fitze Fatze ...* Wir mussten lachen. Diese Songstelle passte gerade überhaupt nicht und dennoch perfekt in unsere Situation.

»Jetzt ist es auch egal«, flüsterte er, trat wieder näher an mich heran und setzte zu einem neuen Kuss an, »in die Hölle kommen wir jetzt eh schon.« Er hob mich mit beiden Händen hoch, setzte sich einige Schritte weiter auf die Couch und mich direkt auf seinen Schoß. ... *Du warst nackt, du hattest nur das an, was der liebe Gott dir gab. Hey little little Gaby* ... Ein leises Prusten konnte ich mir nicht verkneifen. Wieder passte die Stelle des Textes so gut, denn Emilio machte sich gerade an meiner Bluse zu schaffen.

Ich hatte Lust auf ihn, auch wenn Helge mich hin und wieder aus dem Konzept brachte. Emilio schien ein typisches Männerklischee zu bestätigen, denn er schien nichts um sich herum wahrzunehmen, auch nicht Helge, weil sein kleiner in diesem Moment zu einem stattlichen Emilio heranwuchs.

Meine Erregung kletterte wie ein Thermometer in der Wüste, so toll und unerwartet fühlte es sich auf seinem Schoß an.

»Es fühlt sich an, als würde ich das hier schon ewig tun wollen«, sagte er leise. Damit hatte er mich gänzlich überzeugt, ich ließ mich vollkommen auf ihn ein. Ich zog ihm sein Shirt aus, küsste seinen Oberkörper ... *komm zu mir, wir rekeln uns auf der Couch. Ich zieh dich langsam aus. Nanana dann servier ich den Reis in einer Schürze, hahaha. Aus Speck. Lalalala* ...

Ich musste wieder lachen, ich konnte mich nicht wehren. Ich hatte den Texten noch nie so aufmerksam gelauscht wie in diesem Moment, ich konnte einfach nicht anders. Es war wie bei den Nachbarn, die ständig lautstarken Sex bei offenem Fenster hatten, ich konnte – so sehr ich es auch wollte – einfach nicht weghören.

Emilio entging das natürlich nicht, auch er begann wegen meiner Amüsiertheit zu lächeln. »Nein, hör bitte nicht auf«, sagte ich zu ihm. Ich wollte keinen falschen Eindruck vermitteln. Ja, ich wollte mich mit Emilio in die absolute Unvernunft treiben lassen. Die arme Julia, dachte ich noch kurz. Dabei verging mir mein Lachen schnell wieder.

Trotz der ganzen wirren Gedanken in meinem Kopf half ich uns beiden aus den restlichen Klamotten. Emillos Atem ging schneller, meiner langsamer, aber sicher auch.

... ich bin der Wurstfach-, ja der Wurstfach-, ja der Wurstfach-verkäuferin ... Verdammter Helge, dachte ich, kannst du nicht ausnahmsweise mal ruhig sein? Aber die Fernbedienung lag einfach zu weit entfernt und ich wollte keinen Bruch in unsere innigen und flüssigen Bewegungen bringen.

Dann hatte er nur noch seine Uhr an, ich saß mit nichts als meinem Slip da. Wir guckten uns in die Augen, unsere Lenden führten schon längst zuckend ein eigenes Gespräch, und wir schienen uns zu fragen, ob wir den finalen Schritt wirklich tun wollten.

Unsere Intimbereiche nickten, meiner sabberte schon vor lauter Jasagen. Ich stieg von seinem Schoß runter, kniete mich zwischen seine Beine und gerade, als ich meine Lippen um Ihn schloss, sang Helge: *... es war das Bonbon aus Wurst, das ihr Glück gebracht, Bonbon aus Wurst die ganze Nacht. Bonbon aus Wurst – riesengroß ...*

Es war vorbei, ich fing so laut zu lachen an, dass ich mich nicht mehr halten konnte. Emilio hatte im selben Moment auch dem Text gelauscht und laut losgeprustet. Wir kugelten uns beide mit einem Lachkrampf im Wohnzimmer herum und gaben, trotz eingeschnapptem Intimbereich, auf. Der Kopf und vor allem die Ohren lassen sich eben doch nicht ganz abschalten, Vorspiel hin oder her.

DER 19. ONE-NIGHT-STAND

BAD TASTE

Mareike (22), Psychologiestudentin, Bamberg,
über
Carlos (24), Sportstudent, Valencia

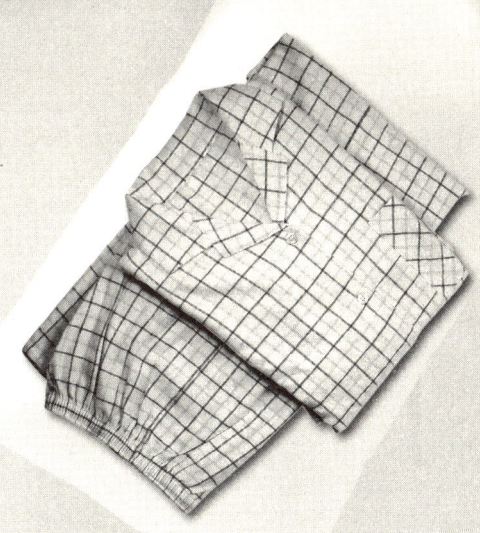

Eigentlich habe ich heute keine Lust auf Party«, sagte ich zu meiner Freundin Lia am Telefon, als sie mich von einer Studentenparty zu überzeugen versuchte.

»Ach komm schon, es ist auch eine Bad Taste, du brauchst dich noch nicht mal aufzustylen«, sagte sie mit ihrer Engelsstimme, »und du kannst doch heute nicht den ganzen Abend allein zu Hause sitzen.«

»Warum denn nicht?«, fragte ich voller Hoffnung, dass ihr die Argumente ausgehen würden.

»Na überleg doch mal, du guckst wieder einen dieser Schnulzenfilme, trinkst billigen Sangria, isst Schokolade und Chips und beschwerst dich morgen, dass du gefühlte drei Kilo zugenommen hast. Dann willst du unbedingt Sport machen und gehst vor lauter Verzweiflung joggen, brichst nach fünfhundert Metern zusammen und fluchst, dass deine Muskeln nichts mehr gewohnt sind. Dann rufst du mich wieder an, bist schlecht gelaunt und dann hilft nur noch Schokolade …«

»Ist ja gut!«, unterbrach ich sie. »Ich bin in einer halben Stunde bei dir.« Ich hasse es, wenn sie recht hat, dachte ich. Verdammt. Ich schüttelte den Kopf und machte mich auf den Weg zu meinem Kleiderschrank.

Als wir in dem Studentenheim ankamen, hörten wir schon aus einiger Entfernung dumpf die Musik dröhnen. Sie klingt gar nicht so schlecht, dachte ich. AC/DC mit *Highway to Hell*, mal was anderes.

»Vielleicht wird das ja doch ein schöner Abend«, sagte ich zur grinsenden Lia. Als wir die Treppe in den Keller hinuntergingen und uns einige knackige Typen entgegenkamen, stupste Lia mich an und lächelte ihr verräterisches Den-würde-ich-auch-nicht-von-der-Bettkante-stoßen-Lächeln. Ich hätte es auch nicht getan.

Ich hatte mir ein einfaches grünes Top, rote Leggins und einen blau karierten Rock angezogen. Meine persönliche Interpretation des Bad-Taste-Mottos. Das war die hässlichste Kombination, die mir auf Anhieb aus meinem Kleiderschrank entgegengesprungen war. Einzig meine weiße Spitzenunterwäsche darunter passte farblich zusammen. »Man weiß ja nie«, hatte ich mir vor meinem Unterwäschefach gedacht. Das war schon immer mein Wahlspruch gewesen.

Der Partyraum war eher ein großer Fahrradkeller, wobei es nicht nach Kettenöl und Luftpumpen, sondern nach einer Mischung aus billigem Fusel und Schweiß roch. Das Motto passte dort einfach wie die Faust aufs Auge. Das Publikum sah gelungen »Bad Taste« aus. Jogginghosen waren genauso oft vertreten wie zerrissene Jeans, fleckige Shirts und schreckliche Farbkombinationen. Wahrscheinlich waren alle, deren Waschmaschine kaputt war, anwesend. Die hatten nicht lange nach einem Outfit suchen müssen. Gestylte Mädchen in High Heels und Männer in schickem Hemd suchte man vergebens. Wie angenehm, dachte ich mir und fühlte mich trotz des fiesen Geruchs zunehmend wohl.

Mit einem Bier in der Hand schaute ich mich ein wenig um. Am anderen Ende der provisorischen Bar stand ein sexy Typ, Südländer, westlicher Mittelmeerraum, tippte ich. Lia war schon in ein Gespräch vertieft und ich brauchte mir keine Gedanken mehr um sie zu machen, er sah ziemlich heiß aus.

Mr. Mittelmeer ließ nicht lange auf sich warten. Er stellte sich als Carlos aus dem spanischen Valencia vor – ich hatte also richtig gelegen – und erzählte mir, dass er gerade für eine studentische Austauschzeit in Deutschland sei. Ich lauschte gespannt seiner Mischung aus Deutsch und Englisch, welches mit dem spanischen Akzent einfach nur sexy aus seinem Mund klang. Und dann noch diese weißen Zähne … himmlisch.

Ich konnte nicht verleugnen, dass es sich schon allein wegen ihm gelohnt hatte, die Schokolade und die Chips zu Hause im Schrank gelassen zu haben.

Nur mein Name schien ihm Schwierigkeiten zu bereiten.

»Mareike«, sagte ich auf seine Frage hin.

»Meike?«, kam von ihm zurück.

»Ma-rei-ke«, wiederholte ich noch einmal extra langsam für ihn.

»Makeike.« Ist ja auch egal, dachte ich mir. Für das, was ich mit ihm vorhatte, brauchte er meinen Namen eh nicht zu kennen. Wir flirteten, tanzten und knutschten ein wenig, bevor wir zusammen beschlossen, in sein Zimmer zu gehen. Weit hatten wir es nicht, denn es lag nur zwei Stockwerke über dem Schweiß-Keller.

Als er vor mir die Treppen hinaufging, konnte ich mir ihn genauer ansehen. Irgendwie sah er so gar nicht Bad Taste aus, vielleicht kam er von einer anderen Party und wollte nur einen letzten Drink zu sich nehmen. Er hatte breite Schultern, trug ein lässiges Shirt und eine Jeans, die darunter einen knackigen Arsch vermuten ließ. Sie saß locker auf seiner Hüfte und gab ab und an einen kleinen Blick frei auf seine braune Haut. Er machte einen sehr gepflegten, fast schon gestriegelten Eindruck. Wie ungewöhnlich für einen Studenten, dachte ich mir. Im ersten Stock angekommen, liefen wir einen langen Gang entlang, an dessen Ende sein Zimmer lag. Er zwinkerte mir zu und öffnete mir die Tür. Ich erwartete, dass er mich gleich hinter der Tür überfallen und vernaschen würde. Dass er mir meine verrückte Klamottenkombination vom Leib reißen, mich wild küssen und verführen würde.

Doch nichts von alledem passierte.

Er ging zu seinem Bett und machte seine Nachttischlampe an. Ich schaute mich um und war regelrecht schockiert. Carlos' Zimmer war aufgeräumt! Das sauberste Zimmer, das ich je in einem Studentenheim gesehen habe. Und ich habe schon einige gesehen.

Nichts lag in der Gegend herum, alles schien seinen festen Platz zu haben. Seine Schuhe standen ordentlich sortiert neben dem Schrank, sein Bett war gemacht. Ich traute mich gar nicht, mich darauf zu setzen, um das schöne Bild nicht zu zerstören.

Ach, es wird so oder so in wenigen Minuten zerwühlt sein, dachte ich mir und setzte mich mit einem vorfreudigen Lächeln doch darauf. Er kam langsam auf mich zu, stellte sich vor mich hin, nahm mein Gesicht in seine Hände und küsste mich. Ich ließ mich dabei langsam nach hinten fallen, damit er mit zu mir aufs Bett kommen konnte. Doch das tat er nicht.

Er richtete sich auf und sagte mit seinem sexy Akzent: »Meike, ich komme gleich zu dir. Warte kurz … I make me fresh for you.« – »Mareike …« – »Oh, I'm sorry. Makeike.« Ich lächelte ihn an und beschloss, es endgültig aufzugeben.

Er ging zu einem kleinen Waschbecken in der Ecke seines Zimmers. Ich blieb lasziv hingerekelt auf dem Bett zurück und rückte mich in eine Position, die aus seinem Blickwinkel sexy aussehen sollte.

Ich beobachtete ihn. Er öffnete ein kleines Schränkchen, nahm seine Zahnbürste samt Zahnpasta heraus und stellte es auf das Waschbecken. Zahnputzzeug? Jetzt? Aber er schmeckt doch so herrlich nach Bier und Party, dachte ich mir. Vielleicht war ihm genau das unangenehm.

Dann griff er wieder in den Schrank hinein und holte zwei Kondome heraus. Anschließend kam er zu mir herüber und meine Libido machte einen kleinen Freudensprung. Puh, dachte ich, er wollte wohl nur die Kondome holen. Wie vorbildlich. Endlich mal ein Mann, der nicht erst, wenn er nackt ist, daran denkt und die abturnende Frage stellt: »Wo hast du das Kondom?« und man splitterfasernackt dann auf die Suche nach den Dingern geht.

Ich guckte ihn verschmitzt an und rückte so verführerisch wie möglich ein Stück zur Seite, damit er genug Platz hatte, um aufs Bett zu kommen.

Doch auch diesmal hatte er anderes im Sinn. Er legte die zwei Kondome auf den Nachttisch neben dem Bett. Zwei Kondome! Erwartungsfroh zwinkerte ich ihn an. Er lächelte zurück und sah einfach nur toll dabei aus. So rassig und irgendwie wild. Obwohl er den wilden Spanier noch nicht rausgelassen hatte, war ich überzeugt, dass er tief in ihm nur auf seinen Startschuss wartete.

Dann wandte er sich um, ging wieder zu seinem Waschbecken, drehte das Wasser auf, nahm massig Seife und schmierte sich damit die Hände, Handgelenke und die Hälfte des Unterarmes ein. Er rubbelte, schrubbte und rieb sich ausgiebig den Schaum über die Arme. Dann spülte er alles ab und machte das Ganze noch ein weiteres Mal. Ich lag auf dem Bett und sah ihm ratlos dabei zu. Wo war er wohl mit seinen Händen gewesen, dass er sich so intensiv reinigen musste?

Meine Vorfreude auf das Abenteuer mit dem wilden Carlos wich langsam. Ich fühlte mich wie an einer Bushaltestelle, an der der richtige Bus immer wieder vorbeifährt. Als er dann auch noch anfing, sich die Zähne zu putzen, musste ich ganz einfach die Stirn runzeln. Ich grübelte: Hatte er etwa keine Lust auf Sex? Aber die Kondome ... Hmmm. Welcher Mann lässt ein willige Frau dermaßen lange sich rekelnd auf dem Bett warten?

Ich beschloss, am nächsten Tag meinen engen Freund Google zu fragen, wie sich ein Waschzwang erkennbar macht. Und wie es die Spanier mit dem Vorspiel halten. Vielleicht ist ein Waschritual als Einstieg gang und gäbe?

Die vielen Gedanken und Fragen in meinem Kopf verstummten, als er fertig war und ich nun auf seine nächste Aktion wartete. Konnten wir jetzt endlich wilden Sex haben?

Er öffnete seinen Schrank und holte etwas heraus. Ich konnte es erst nicht genau erkennen.

Es war ein Handtuch. Er breitete es aus und legte es auf einen Stuhl neben sich. Er sah mich an und sagte: »Bald bin ich für dich da, Meike. Only for you, Baby.«

Baby? Meike? Ich konnte mir ein Kopfschütteln nicht verkneifen. Langsam, aber sicher verging mir jegliche Lust auf Sex. Schlimmer noch, ich fühlte mich von einer Seife sexuell bedroht.

Er holte noch etwas aus dem Schrank. Einen Schlafanzug! Schlafanzug? Ich glaube es nicht!, schoss es mir immer wieder durch den Kopf. Einen hellblauen Zweiteiler, wie ich ihn sonst nur aus schlechten Filmen kannte.

Da ist es, das wäre das perfekte Bad-Taste-Outfit gewesen, stellte ich fest und konnte mir ein Lächeln nicht verkneifen.

Er schmiss sich das Handtuch über die Schulter, nahm den Schlafanzug in die eine und zwei verschiedene Duschgels in die andere Hand. »Meike, ich bin in ten minutes back. Dann kannst du auch unter the shower gehen, towels sind im Schrank.«

Ich zog meine Augenbrauen hoch und nickte automatisch. Er zwinkerte mir zu und verschwand aus dem Zimmer.

Ich setzte mich augenblicklich auf und starrte schockiert die Tür an. Konnte das alles wirklich wahr sein? Ein Student aus Spanien, eigentlich sexy und rassig, wäscht sich mal eben zwischendurch besser die Hände als ich nach meinem großen Toilettengang, putzt sich penibel die Zähne und geht duschen, bevor er – eigentlich spontanen – Sex hat?

Mir wurde auf einen Schlag klar: Ich muss hier weg. Sofort und unauffällig. Ich überlegte, wie ich es am besten anstellen könnte.

Rausschleichen? Aber der Gang ist so lang, dass er mir sicherlich auf dem Rückweg von der Dusche über den Weg laufen würde. Was sollte ich dann zu ihm sagen? Nein, das fiel aus, die Blöße wollte ich mir nicht geben.

Oder was ist, wenn ich jemandem begegnen würde, den ich kenne? Nein, es musste eine andere Möglichkeit geben.

Das Fenster. Wir befinden uns ja nur im ersten Stockwerk, sprach ich in Gedanken zu mir selbst. Ich ging hin und öffnete es. Es gab ein wenig tiefer einen Absatz, da konnte ich raufsteigen und dann wäre es gar nicht mehr so hoch. Entschlossen stieg ich aus dem Fenster, runter auf den Absatz und sprang hinunter.

Was von oben so einfach aussah, endete damit, dass ich bei der Landung umknickte. Autsch.

Als ich nachts um eins zu Hause angekommen war, holte ich die extra große Tafel Schokolade und meine Lieblingschips aus dem Schrank, legte mir einen Beutel Eis auf meinen geschwollenen Knöchel und machte es mir auf meiner Couch bequem. Am nächsten Morgen muss ich unbedingt Lia anrufen, beschloss ich grinsend.

Joggen würde vorerst ausfallen müssen, dachte ich mir und musste lachen. Alles Gute ist eben nie beisammen. Auch nicht bei sexy Spaniern mit krankhaftem Waschzwang.

KLEIN, ABER OHO

Uschi (33), Büroangestellte, Rüdersdorf,
über
Moritz (38), DJ, Berlin

Frühjahr 2012: Der Club war brechend voll, wie so oft. Ich begrüßte als Erstes meine drei Mädels, die ich immer wieder gern in meinem Lieblingsclub für unsere ausgelassenen Partynächte treffe. Ich richtete mich auf eine lange Nacht ein.

Einige Umarmungen und Küsschen später kam ich durstig an die Bar. Da sah ich schon Jess – meinen schwulen Barkeeper-Freund – mit einem Cocktailmixer in der Hand. Als er mich sah, kam er eilig zu mir und begrüßte mich überschwänglich mit Bussi links und Bussi rechts. Ich mag ihn sehr, er hat das Herz am rechten Fleck und trägt es zudem auch auf der Zunge, eine Eigenschaft, die ich grundsätzlich bei meinen Mitmenschen sympathisch finde.

»Hey meine Süße«, begann er, schaute zu mir hoch und sagte gespielt schmollend, »hättest du nicht mal flachere Schuhe anziehen können? Da bekommt ja selbst der Klitschko Angst und schmeißt freiwillig das Handtuch.« Ich musste lachen. Wie immer steckte auch ein Fünkchen Wahrheit in seinem Scherz.

Ich bin mit meinen 1,85 Meter ziemlich groß für eine Frau, ich weiß. Trotzdem trage ich gern High Heels. Und zwar mit größtem Vergnügen.

Aber warum auch nicht? Nur, weil einige Männer nicht mit meiner Größe umgehen können und sich in ihre Kindheit zurückversetzt fühlen, wo Mami von oben herab geschimpft hat? Drauf gepfiffen!

»Ach mein Kleiner«, sagte ich neckisch, was bei seinen süßen 1,68 Meter durchaus zutrifft, »so kann ich mir wenigstens einen Überblick über die Männerqualität heute Abend erhaschen.« Er zwinkerte mir zu und sagte: »Ich hole dir, wie immer, einen Red Bull und du guckst einfach für mich mit.«

Als ich wenig später meinen Drink in der Hand hielt und durch die Menge schaute, sagte Jess ganz beiläufig: »Ich glaube, lange brauchst du gar nicht zu gucken. Der DJ schaut die ganze Zeit zu dir rüber. Und er hatte heute auch schon nach dir gefragt.«

Innerlich machte ich einen kleinen Hüpfer. Ich schaute zu ihm hinüber und siehe da, er guckte mich geradewegs grinsend an. Ich schmunzelte zurück.

Ich hatte ihn schon einige Male auf Veranstaltungen hinter dem DJ-Pult gesehen und fand ihn schon länger sexy. Doch mit meiner anfänglichen Schüchternheit wäre ich nie auf die Idee gekommen, ihn geradewegs anzusprechen. Das sollen bitte nach wie vor die Männer übernehmen, Emanzipation und Körpergröße hin oder her.

Es folgte in den zwei Stunden nach meinem ersten Drink ein heißer Flirt mit vielsagenden Blicken und eindeutigen Gesten. Es stand unweigerlich fest: Ich wollte von ihm erobert werden. Am besten noch an diesem Abend.

Meine Drinks zeigten ihre Wirkung und ich machte mich auf den Weg zur Toilette.

Dabei kommt man an einer dunklen Ecke vorbei, die viele Leute zum heimlichen Knutschen nutzen. Ich wunderte mich, dass die Ecke ausnahmsweise mal unbesucht war, und musste lächeln.

Auf dem Rückweg sah ich genau in dieser Ecke in dem schummrigen Licht eine einzelne Person stehen. Es war der sexy DJ. Er schien auf mich gewartet zu haben.

»Jetzt musste ich die Gunst der Stunde nutzen und dich hier abfangen«, sagte er lächelnd mit leiser Stimme, sodass ich näher an ihn herantreten musste, um ihn zu verstehen. Clever, dachte ich mir. Das gefiel mir.

»Wurde ja auch mal Zeit«, sagte mein freches Ich, bevor es mich um Erlaubnis gefragt hatte. Ihn schien jedoch meine gefühlt toughe Antwort nicht aus der Ruhe zu bringen und er lächelte mich nur funkelnd an. Als ich mich gerade fragte, ob jetzt diese ungeliebte peinliche Stille entstehen wird, kam er einfach näher und drückte seine Lippen auf meine. In meinem Bauch drehte sich alles, ich war mehr als überrascht von seinem Mut. Ich erwiderte seinen Kuss nur zu gern. Er schmeckte lecker nach einer Mischung aus Cola und

Kaugummi. Schnell wurde unser Kuss inniger und ich spürte, wie mein Schritt kribbelte vor Lust. Dann ließ er von meinen Lippen ab und sagte, ohne groß Abstand von mir zu nehmen: »Ich habe bald Feierabend. Sehen wir uns danach?«

»Klingt verlockend. Ich heiße übrigens Uschi.«

»Moritz«, sagte er und streckte mir förmlich die Hand entgegen. Er gefiel mir. Und ab diesem Kuss stand endgültig fest: Ich wollte Sex mit Moritz. Und zwar schnell.

Nachdem ich Jess alles haarklein erzählt hatte und er fast noch aufgeregter zu sein schien als ich, signalisierte Moritz mir von Weitem, dass er in fünf Minuten Feierabend hätte. Ich ging noch einmal zur Toilette, machte mich – überall – frisch und prüfte genauestens mein Make-up. Alles perfekt. Es konnte losgehen.

Ich war mir nicht sicher, was genau wir überhaupt machen würden. Doch nach dem leidenschaftlichen Kuss ging ich nicht davon aus, dass er Lust auf ein Kaffeekränzchen hatte. Genauso wenig wie ich. Er nahm mich bei der Hand, als ich wieder in den Clubraum zurückkam, und führte mich geradewegs zum Ausgang. Ich warf Jess von Weitem noch einen Luftkuss zu und er signalisierte mir, dass er mir die Daumen drückte. Ich mir auch. Meine Mädels kicherten und deuteten an, dass wir dringend telefonieren müssten. Ja, ja, die Neugier, dachte ich schmunzelnd.

Ich musste unweigerlich an das letzte Mal denken, als ich jemanden in der Disco kennengelernt hatte. Der Typ war so dermaßen heiß gewesen, dass man sich fast die Finger an seinem sexy Waschbrettbauch verbrannt hätte. Doch allen positiven Vermutungen zum Trotz stellte sich heraus, dass er von der Anatomie weiblicher Geschlechtsorgane so viel verstand wie ich von Schiffsmotoren: nichts. Er hatte mir unbeholfen an meinem Po herumgefummelt und mich dann allen Ernstes stolz gefragt: »Na Baby, wie gefällt dir meine Klitorismassage?« Der Arme hatte erst meinen ausgedehnten Lachkrampf abwarten müssen, bevor ich ihm mit größter Freude eine Biologiestunde verpasste.

Als Moritz und ich vor dem Club standen, fragte ich ihn: »Und was machen wir jetzt? Du hast doch sicher schon einen Plan, oder?«

»Ich hätte da so eine Idee«, sagte er mit einem eindeutigen Blick und sah mich von oben bis unten an.

»Und welche wäre das?«, fragte ich bewusst provozierend.

»Jedenfalls nicht hier in der Kälte rumstehen.«

Wir gingen zusammen zu meinem Auto. Er erzählte, dass er mit seinem DJ-Kollegen in den Club gefahren war und daher sein Auto zu Hause gelassen hatte. Also machten wir uns auf den Weg zu ihm nach Hause.

Vor seiner Haustür angekommen, parkte ich ein. In meinem Slip drohten schon alle Dämme zu brechen. Er blickte mich eindringlich an und ich konnte seine schmutzigen Gedanken förmlich hören. Meine schienen mir auch auf der Stirn gestanden zu haben, denn er sagte: »Ich bin erstaunt, dass wir es überhaupt so weit geschafft haben.« Ihm geht es tatsächlich genauso wie mir, dachte ich, beugte mich in Sekundenschnelle zu ihm rüber und küsste ihn. Unser leidenschaftlicher Kuss wenige Stunden zuvor war mir nicht aus dem Kopf gegangen und ich hatte es die ganze Autofahrt kaum ausgehalten vor Vorfreude.

Seine linke Hand glitt auf mein Knie, dann ganz langsam hinauf und immer weiter hinauf. »Deine Beine hören ja gar nicht mehr auf«, raunte er voller Lust, ohne dass sich unsere Lippen voneinander lösten. All meine Hemmungen gingen über Bord, ich ließ meiner Lust freien Lauf.

Am nächsten Tag rief ich Jess an und er fragte ganz aufgeregt in das Telefon, ohne mich vorher zu begrüßen:

»Und? Wie wars?«

»Hallo Jess. Hast du schon ausgeschlafen?«

»Sagen wir mal, ich habe aufgehört zu schlafen. Aber jetzt erzähl schon. Du spannst mich auf die Folter.«

»Okay«, kurze Pause. »Mir tut alles weh.«

»Wie? Warum tut dir alles weh?«

»Weil ich richtig guten Sex hatte«, stöhnte ich in wohliger Erinnerung ins Telefon.

»Guter Sex tut weh? Dann hatte ich bisher nur durchschnittlichen Sex.«

»Glaub mir, an meiner Stelle hättest du heute auch Schmerzen.«

»Hat er dich so hart durchgezogen?«

»Na ja, das nun nicht gerade. Wild und intensiv, ja, aber hart? Nee.«

»Herzchen, ich weiß, dass du solche Spielchen liebst. Aber jetzt raus mit der Sprache, ich platze vor Neugier.«

»Ja, ja, ist ja gut. Hmmm, wie beschreibe ich es dir am besten?«, fragte ich grübelnd, fand jedoch schnell einen passenden Vergleich. »Kennst du Bustoiletten?«

»Ihr habt es auf einer Bustoilette getrieben?«, sagte er etwas zu laut, sodass ich fast meinen Telefonhörer weggeschmissen hätte.

»Nein. Was denkst du von mir?«

»Entschuldigung, Miss Folter. Ich will nur wissen, wie dein Sex gestern gelaufen ist, und du fängst an, mir etwas über Bustoiletten zu erzählen.« Ich fing laut zu lachen an, er hatte es mal wieder auf den Punkt gebracht.

»Jess, wir hatten Sex in meinem Auto.«

»Im Smart?«

»Im Smart!«

»Das geht doch gar nicht.«

»Eben. Daher wollte ich dir einen guten Vergleich bringen. Wenn du auf einer Bustoilette Sex hättest, wäre es wahrscheinlich ähnlich eng. Obwohl, bei deiner Größe wäre ein Umzugskarton ein besserer Vergleich gewesen.« Jetzt war er es, der laut lachen musste.

»Vielen Dank für das Kompliment.«

»Ich hab dich auch lieb.«

»So, jetzt aber mal wieder zu gestern. Sex im Smart? Du bist zwei Meter groß, wie ging das?«

»Ich weiß es auch nicht. Aber diverse Druckstellen überall am Körper zeigen mir, dass es irgendwie möglich war.«

»Und du bist dir sicher, dass es gut war?«

»Ab-so-lut! Er ist ein Orgasmus-Gott.«

»Du hattest auch noch einen Orgasmus? In deinem Smart?«

»Nicht einen, drei.«

»Drei?«

»Jess, er wusste sogar ohne meine Hilfe, wo meine Perle ist.«

Wir mussten beide herzhaft lachen, er kennt meine Story von dem unwissenden Kerl Monate zuvor.

Moritz' Qualitäten wären viel zu schade für nur einen einmaligen One-Night-Stand gewesen. Ich nutze sie noch heute, mittlerweile in unserer gemeinsamen Wohnung.

PRÜFUNGS-NYMPHOMANIN

Tina (24), Studentin, Berlin/Mannheim/Dublin,
über
Arno (25), Student, Berlin

Prüfungen jeglicher Art sind ein einziger Horror für mich. Ich schiebe immer die ganze Arbeit bis zum letzten Poeng vor mir her und bekomme dann eine Woche vor Abgabe – oh wie plötzlich und unerwartet – Panik. Dann brüte ich Tag und Nacht über der Aufgabe und der Zeiger an meiner Wanduhr rast wie der Wagen von Sebastian Vettel.

So auch im April 2012, als ich für das bevorstehende Studienende die wichtigste aller Arbeiten meines Lebens abgeben musste. Es waren nur noch wenige Tage Zeit und mein Dokument beschränkte sich bisher auf herausragende drei Zeilen.

Eine Situation, um die mich meine Freundin Stella beneidete. Wir saßen im selben Boot und sie hatte das Dokument eine Woche vor Hosenknopf erst anlegen müssen.

Stella ist eine enge Freundin, sie wohnt nur wenige Minuten von mir entfernt. Mit ihr kann ich herrlich offen über Sex reden. Und eine weitere Gemeinsamkeit verbindet uns: Prüfungsgeilheit.

Den Stress während unserer Abgabepanik kompensieren wir beide gern mit Sex. Viele würden sich als Ventil Sport suchen, wir suchen paarungswillige Männer.

Stella hatte mir wenige Wochen vor unserer Prüfungspanik von einer Flirt-App erzählt, bei der man Männer in seiner direkten Umgebung ausfindig machen kann. Da steht dann zum Beispiel, dass XY sich gerade im Umkreis von 300 Metern aufhält und auch mithilfe dieser App jemanden zum Flirten sucht. Der Blick auf das Profil verrät dann einige Eckdaten zu den Herren und danach wird entschieden, ob man Kontakt aufnehmen möchte oder lieber nicht.

Da Stella regelmäßig über diese App ihren Stress kompensiert, wollte ich es auch einmal versuchen. Zu Hause probierte ich es aus und landete gleich einen Volltreffer. Nur 100 Meter weiter zeigte mir meine App ein Profil, das meine Augen aufleuchten ließ. Bei Arnos Foto schossen mir die Worte »alternativ«, »gut aussehend« und »crazy« durch den Kopf. Genau mein Geschmack also. Ich schrieb ihn an und er antwortete prompt. Aber auf ein zeitnahes

Date wollte ich mich noch nicht einlassen. Wir flirteten etwas miteinander, mehr aber nicht.

Drei Tage später – ich saß gerade übernächtigt vor meinem Laptop – kam eine Nachricht von ihm: *Ich stehe mit einem Sechserpack Bier vor deiner Haustür. Lust?*

Ich sprang auf, rannte zu meinem Spiegel im Flur und starrte mein zerzaustes Ich an. Kopfschüttelnd. Ich nahm mein Handy und antwortete, obwohl mein Schritt eindeutig anderer Meinung war: *Tut mir leid. Meine Bachelorarbeit muss bald fertig sein. Ich kann nicht.*

Doch etwas Gutes hatte es. Nachdem mein Schritt eindeutig auf seinen beinahe spontanen Besuch reagiert hatte, wurden unsere Mails eindeutiger. Ich schrieb ihn noch am selben Abend an.

Ich: *Hätte ich dich vorhin reingelassen, was meinst du, würden wir gerade tun?*

Er: *Bier trinken.*

Ich: *Bier trinken?*

Er: *Bier von deinem Körper lecken.* Oh mein Gott. Wie sexy sich das liest, dachte ich.

Ich: *Und was würde ich mit deinem Körper tun?*

Er: *Rhythmisch erschüttern.*

Ich: *Verdammt schöner Gedanke.*

Er: *Aufgeschoben ist ja bekanntlich nicht aufgehoben.* J

Er erzählte mir, dass er unausgelastet sei, weil er keine Freundin habe. Und auch keine Lust auf eine hätte. Das passte gut, denn eine Beziehung war das Letzte, wonach mir der Sinn stand. Meine Neugier lenkte mich – zu meinem Erstaunen – nicht von meiner Bachelorarbeit ab. Im Gegenteil. Meine Müdigkeit war verflogen und eine intensive Lust begleitete mich die folgenden tastenklimpernden Stunden. Er hätte schon diverse private Sexpartys besucht, schrieb er, Pornokinos und Swingerclubs könne er wärmstens empfehlen. Was er nicht wusste, war, dass ich schon immer mal in einen Swingerclub gehen wollte. Als ich ihm das schrieb, antwortete er: *Nimm dir Freitag Zeit! Und vorher gehen wir zusammen Dessous kaufen und in der Umkleide können wir uns schon ein wenig kennenlernen.*

Oh mein Gott. Übermorgen? Hatte ich das wirklich drauf? Mit einem mir völlig fremden Mann in einen Swingerclub zu gehen? Fragen über Fragen. Und eindeutige Antworten von meinem Schritt. Ich musste Stella sehen und um Rat fragen.

Eine Stunde später saß ich auf ihrer Couch, vor uns standen eine Flasche Wodka und jede Menge Red Bull. Ich trug eine Jogginghose, hatte zerzauste Haare, war ungeschminkt und ungeduscht. Sie genauso. Wir sahen aus, als wären wir mit dem Auto auf einer verlassenen Straße in Australien liegen geblieben und bei 30 Grad 100 Kilometer zu Fuß bis in die nächste Stadt gelaufen. Der Tisch lag voll mit Zetteln, unseren Laptops, Zigarettenkippen, Asche, Essensresten und Schokolade. Bachelorpanik eben. Vor Zigarettenqualm konnte ich die Fenster kaum erkennen.

Während ich Stella von dem Swingerangebot erzählte, kam erneut eine Nachricht von Arno: *Ich bin in 30 Minuten zu Hause. Treffen wir uns? Ich habe Lust …*

Mein wodkabetäubtes Ich schrieb: *Klar! Im Park? Aber ich warne dich vor. Ich sehe schrecklich aus und rieche nach Kneipe. Du weißt schon, Bachelorstress.*

Er: *Um zwölf am Eingang des Parks.*

Ich sprang bei Stella unter die Dusche und als ich fertig war, musste ich auch schon los. Stella drückte mir noch eine Tüte in die Hand. Eine Aldi-Tüte. Die hat aber auch keine Skrupel, dachte ich mir. In der Tüte waren einige Lebensmittel, die sie noch für mich besorgt hatte.

Zwischen Wurst und Toastbrot lächelte mich eine Kondompackung an. Ich liebe sie einfach, dachte ich. Nüchtern hätte ich schon längst einen Rückzieher gemacht, aber mit dem Wodka-Bull-Mix war ich mutig genug, um mich in das Abenteuer zu stürzen. Und eine kurze Ablenkung konnte nicht schaden.

Am Parkeingang angekommen, sah ich ihn schon von Weitem auf mich zukommen. Er war etwas dicker als auf dem Foto seines Profils, auch sein Gesicht war anscheinend einfach nur gut getroffen gewesen. Aber das störte mich nicht. Ich bin gern hübscher als der Mann, damit ich mich überlegen fühle. Eine Marotte, ich weiß.

Wir gingen zu einer Mauer in der Nähe und setzten uns darauf. Er hatte Club Mate dabei – ein schreckliches Gesöff, das keiner trinken würde, wenn es nicht so in wäre – und wir verstanden uns auf Anhieb. Innerhalb weniger Minuten kamen wir auf das Thema Sex. Endlich ein Mann, mit dem man über Sex reden kann, ohne dass er sich als gigantischer Orgasmus-Held darstellt, dachte ich. Jetzt war eh alles egal, also erzählte ich ihm von einer geheimen Jahres-Challenge, die meine Freundin und ich mit vier anderen zusammen machten.

Ich: »Wir sind sechs Leute und vergeben für außergewöhnlichen Sex Punkte.« Er lächelte und ermunterte mich, dass ich weitererzählen sollte. »Sex auf dem Spielplatz gibt einen Punkt. Gleichgeschlechtlicher Sex drei Punkte. Ein Dreier gibt zwei Punkte. Und so weiter …« – »Hier hinten ist ein Spielplatz«, sagte er herausfordernd. »Aber erzählen könnt ihr euch alle viel, wie beweist ihr es euch gegenseitig?« Ich wurde rot und antwortete wahrheitsgemäß: »Videobeweis.« Und kaum hatte ich das ausgesprochen, sprang er auf, nahm meine Hand und lief mit mir in Richtung Spielplatz. »Dann werden wir deinen Punktestand etwas aufpimpen«, sagte er lachend.

Lust hatte ich schon seit Tagen, Wodka löste meine Hemmungen und ich ging mit meiner Aldi-Tüte in der Hand voller Vorfreude neben ihm her.

Kondom Nummer eins war keine Viertelstunde später im Mülleimer neben der Bank auf dem Spielplatz gelandet. Das Video auf meinem Handy guckten wir uns zusammen an und lachten uns über unsere animalischen Geräusche kaputt. Nach einer Zigarette setzten wir zur zweiten Runde an. Mitten dabei hörten wir Leute rufen, die auf dem wenige Meter entfernten Weg liefen: »Ja, gib's ihr.« Wir lachten und hatten Spaß. Kondom zwei landete neben Kondom eins im Mülleimer.

Dann saßen wir amüsiert auf der Bank und uns beiden knurrte der Magen. Da fiel mir der Inhalt der Tüte wieder ein. Um zwei Uhr nachts saßen wir auf der Bank am Spielplatz, aßen Toast mit Käse, rauchten, knutschten und tranken.

»Komm, lass uns langsam nach Hause gehen«, sagte ich. Ich hatte nur noch wenige Tage bis zur Abgabe meiner Arbeit und ich wollte wenigstens einige Stunden Schlaf bekommen, ehe mich der Laptop wieder ganz allein für sich hatte.

Also stolperten wir kichernd den Hauptweg im Park Richtung nach Hause entlang. Als ich wieder vermehrt an meine Bachelorarbeit dachte, überkam mich erneut meine Prüfungsnymphomanie. Also gingen wir zu einem Baum unweit des beleuchteten Weges und er nahm mich ein drittes Mal, ich mit dem Rücken am schubbernden Stamm.

Mittendrin sah ich etwa zehn Meter weiter eine dunkle Gestalt, die anscheinend zu uns rübersah. Sein Arm wackelte, das konnte ich unschwer erkennen.

»Ey, da guckt uns einer zu«, sagte ich zu Arno. Er grinste nur und sagte: »Ist doch scharf.« In meinem Wodka-Bull-Club-Mate-Zustand sagte ich laut, was ich bis heute noch nicht fassen kann: »Hey, Zugucken kostet 20 Euro.«

Arno ließ sich nicht beirren, auch nicht, als der Typ tatsächlich bis auf wenige Meter herankam. Ganz im Gegenteil, er fragte auch noch: »Und? Gefällt's?«

Der Typ mittleren Alters, das konnte ich inzwischen erkennen, nickte übertrieben und machte eifrig weiter mit seinem Oberarmtraining.

Um halb sechs kam ich mit meiner um einiges leichter gewordenen Aldi-Tüte zu Hause an, guckte in mein zerzaustes Spiegel-Ich und schüttelte ungläubig den Kopf. Ich fragte mich,

wie viele Punkte ich dafür wohl bekommen würde. Beim Telefonat mit Stella zog ich den 20-Euro-Schein aus meiner Tasche
und hörte gleichzeitig von ihr ein begeistertes: »Ich bin wirklich
stolz auf dich. Studentenzeit ist eben Studentenzeit. Mindestens
fünf Punkte.«

DER 22. ONE-NIGHT-STAND

MAN SIEHT SICH IMMER ZWEIMAL IM LEBEN

Andrea (28), Vermögensberaterin, Potsdam,
über
Richard (43), Börsenmakler, Frankfurt

Ich liebe es zu fliegen. Was für andere Stress bedeutet, ist für mich die totale Entspannung. Ich komme im Flugzeug endlich mal dazu, meine Lieblingszeitung zu lesen, mein iPad aufzuräumen oder einfach nur die Augen zuzumachen.

Doch als ich während der Fußballweltmeisterschaft vor einigen Jahren auf dem Rückweg von einer Geschäftsreise im Flugzeug neben einem höchst charismatischen Mann saß, kam ich zu nichts von alledem.

Richard, so hatte er sich noch vor dem Start bei mir vorgestellt, hatte etwas, was ein anziehender Mann mittleren Alters haben muss: Charme. Und zwar in einer Dosis, die ich noch nie bei einem Mann gesehen hatte. Sein Lächeln hatte mich vom ersten Moment an fasziniert, sein silbergraues Haar machte ihn interessant. Seine ausgeprägten Lachfältchen zeugten von einer lebensfrohen Art und seine Offenheit zog mich in den Bann. Ich war schlichtweg hingerissen von diesem unbekannten Sitznachbarn.

Wir fanden schnell ein gemeinsames Thema: die Börse. Und darüber unterhielten wir uns eine ganze Weile. Als wir in der Luft waren und die Flugbegleiterin mit den Drinks kam, sah ich ihren verräterischen Blick auf Richard. Sie war von seiner Aura genauso fasziniert wie ich, das sah ich schon in wenigen Sekunden. Er hatte wahrscheinlich massig Verehrerinnen, dachte ich mir. Doch ihn neckisch zu fragen, traute ich mich nicht, ich kannte ihn schließlich erst wenige Höhenmeter lang. Während ich das dachte, hörte ich ihn zu der Dame sagen: »Haben Sie Champagner an Bord?« – »Natürlich. Eine 0,33-Liter-Flasche kann ich Ihnen anbieten.« Ein Mann mit Geschmack, dachte ich mir.

Er schaute mich mit einem Lächeln an und sagte, ohne einen Blick auf die Flugbegleiterin: »Zwei bitte.« Ich zog fragend eine Augenbraue hoch. »Sie haben doch nichts gegen einen guten Tropfen einzuwenden, oder ähm …« – »Andrea«, sagte ich zustimmend. Ich hatte mich noch gar nicht vorgestellt. Wenig später stießen wir an und er sagte: »Auf angenehme Sitznachbarschaft.«

– »Allerdings«, flirtete ich zurück. So macht Fliegen Spaß, dachte ich mir.

Wenig später wurden seine Fragen immer privater. Er fragte mich nach einem eventuellen Partner, nach meinen Lieblingsreisezielen und nach meinen Karrierevorstellungen. Ich beantwortete alles wahrheitsgemäß und fühlte mich wohl in seiner Gesellschaft. Ich war etwas traurig, als der Champagner geleert war und die Anschnallzeichen den Landeanflug ankündigten. Ich fragte ihn, wie lange er in Berlin bleiben würde. Er erzählte mir, dass er den ganzen Tag ein Meeting hätte und schon am Abend wieder im Flieger säße. Wie schade, dachte ich, Richard hätte ich gern noch auf ein Dinner getroffen.

Doch in dieser Hinsicht bin ich ziemlich schüchtern und bevorzuge die altmodische Weise: Die Männer bitten um ein Date. Und erst recht bei der Tatsache, dass er einen Ehering trug.

Wir verabschiedeten uns am Gateausgang und ich schmollte innerlich ein wenig, weil er mich nicht nach meinen Kontaktdaten gefragt hatte. Trotzdem freute ich mich über diese sympathische Begegnung und hoffte auf das Sprichwort: Man sieht sich immer zweimal im Leben.

Eine Stunde später fuhr ich mit dem Taxi vor meinem Haus vor und suchte in der Tasche nach meinem Portemonnaie. Zwischen Lippenstiften, Kondomen (man weiß ja nie) und der Haarbürste fand ich sie dann doch, seine Visitenkarte.

Er muss sie in meine Tasche geschmuggelt haben, als ich im Flieger kurz die Toilette aufgesucht hatte. Ich quiekte leise vor Freude und der Taxifahrer guckte mich stirnrunzelnd an. Ich bin mir sicher, sogar er wäre von Richard angetan gewesen, wenn er ihn gesehen hätte.

Ich schrieb ihm am gleichen Abend eine E-Mail.
Ich dachte schon, ich sehe Sie nicht mehr wieder …

20 Minuten später piepte mein E-Mail-Account. Endlich.
Das wäre doch ein Jammer gewesen …

Flirtet er etwa schon wieder mit mir? Gut!, dachte ich und mein Selbstbewusstsein machte einen Wachstumsschub.

Sind Sie bald wieder in Berlin?

Ich blieb gleich am PC sitzen und wartete auf seine Antwort, die auch prompt kam.

In den kommenden Wochen leider nicht. Da müssen wir wahrscheinlich ein wenig Geduld haben.

Schade, dachte ich mir und antwortete: *Dann höre ich wieder von Ihnen, wenn Sie in Berlin sind?* Am nächsten Tag kam eine kurze, aber eindeutige Antwort: *Unbedingt!!!*

Doch leider bekam ich in den Wochen darauf keine E-Mail mehr vom charismatischen Richard. Und auch nicht in den Monaten darauf.

*

Ich checkte gerade in mein Tagungshotel in Frankfurt ein, als ich von Weitem einen Mann sah, der mich länger als üblich anschaute. Und ich erkannte meinen sympathischen Sitznachbarn erst auf den zweiten Blick wieder: Richard. Er saß in einer Ledercouch am anderen Ende der Empfangshalle des Nobelhotels. Er war allein und strahlte mich an. Ich ging zu ihm und sagte: »Man sieht sich eben doch immer zweimal im Leben.« – »Zum Glück«, sagte er und begrüßte mich mit einem dezenten Handkuss. Wie altmodisch, dachte ich. Und beeindruckend. Zu ihm passte es irgendwie.

In zwei Sätzen verabredeten wir uns für den Abend im Restaurant des Hotels. Ich hatte das Gefühl, dass zu viel Gerede die knisternde Stimmung zwischen uns beeinträchtigt hätte.

Als ich in den Aufzug stieg, sah ich eine hübsche dunkelblonde Frau auf ihn zukommen. Sie trug hohe Schuhe, hatte ein beigefarbenes Bleistiftkleid an und sah atemberaubend schön darin aus. Sie war überdurchschnittlich schlank. Ich fragte mich kurz, ob sie seine Ehefrau war. Aber ich würde ihn nicht fragen, das steht mir nicht zu, beschloss ich innerlich, als die Lifttüren zugingen. Er schenkte mir in diesem Moment ein verschmitztes Lächeln, ohne dass sie es bemerkte.

Am Abend stand er vor den Türen des Restaurants und wartete auf mich. Ich ging auf ihn zu und sagte zu ihm: »Ich habe eigentlich gar keinen Hunger.« Er schaute mich im ersten Moment verblüfft an, doch dann sagte er lächelnd: »Ich auch nicht so sehr.«

Ich hakte mich bei ihm ein und deutete in Richtung Aufzug. Er verstand sofort und schenkte mir ein lüsternes Nicken.

Zwei Stunden später lagen wir verschwitzt, aber glücklich auf dem völlig zerwühlten Bett meines Hotelzimmers. Wir hatten zweimal tollen Sex miteinander.

»Dieser Po ist der Wahnsinn«, sagte er und streichelte mir noch einmal darüber.

»Vielen Dank. Das hier ist aber auch nicht ohne«, sagte ich und bestaunte in aller Ruhe seinen Körper. Für sein Alter war er über-durchschnittlich sportlich und jedes einzelne Haar auf seiner Brust turnte mich an.

Dann nahm ich – entgegen meinem Vorsatz – doch meinen Mut zusammen und fragte ihn, wer die hübsche Frau vorhin gewesen war.

»Das war meine Frau«, sagte er und klang dabei alles andere als schuldbewusst.

»Oh, wirklich? Sie sah toll aus.«

»Das stimmt. Sie ist sehr attraktiv. Genauso wie Sie.« Moment mal, das kann ich nicht so ganz glauben, schoss es mir durch den Kopf. Ich bin vollkommen anders als diese Traumfrau aus der Lobby.

Ich habe schwarze Haare, bin nur um die 1,65 Meter groß und habe keine Modelmaße. Ich bin weiblich gebaut, habe ordentlich Holz vor der Hütte und Kurven wie eine spaßbringende Rennstrecke.

»Danke, ich fühle mich geschmeichelt«, sagte ich wahrscheinlich eine Spur zu ungläubig, »aber Ihre Frau und ich haben nicht sehr viel gemeinsam.« Ungefähr so viel wie Madonna und Cindy aus Marzahn..

»Das stimmt. Und das finde ich auch sehr gut so.« Jetzt machte er mich neugierig.

»Was meinen Sie genau?«

»Wissen Sie, Andrea«, ja, wir siezten uns nach wie vor und ich fand das sehr sexy, »meine Frau ist attraktiv, keine Frage. Sie modelt und nahezu alle Männer schauen ihr nach.« Er holte kurz Luft und streichelte mir zart über meine Taille. »Aber eines hat sie nicht: Leidenschaft. Sie ist kein Genussmensch. Und Sex ist nun mal Genuss. Und Leidenschaft. Auch Essen ist Genuss. Ihre Prioritäten liegen eben woanders.«

»Also haben Sie kein Feuer in Ihrer Ehe? Verstehe ich Sie da richtig?« Ich war erstaunt über seine Offenheit.

»Ja, so in etwa. Sie ist das, was viele perfekt nennen. Doch seit heute weiß ich wieder einmal mehr, wie toll das Unperfekte sein kann. Ecken und Kanten, die man erkunden kann, sind um einiges reizvoller als das Vorhersehbare. Und Unberechenbarkeit ist sehr reizvoll.«

Wow, ich fühlte mich regelrecht erschlagen von seinem Kompliment und seiner Offenheit. Und ich verstand sehr gut, was er meinte. Leidenschaftlich bin ich schon von vielen Männern genannt worden und ein Genussmensch bin ich schon immer gewesen.

Wir verbrachten noch eine weitere intensive Stunde zusammen und sahen uns danach nie wieder.

Es war toll, so wie es war. Und Richard hatte mir etwas gezeigt, dessen ich mir bis zu dieser Nacht nicht bewusst war: Ich bin eine leidenschaftliche, begehrenswerte Frau. Basta!

BIG BEN

Marina (51), Geschäftsführerin
einer Immobilienfirma, Frankfurt,
über
John (31), Personal Trainer, Wolfsburg

Ich war im Frühjahr 2011 für eine Geschäftsreise eine knappe Woche in Hannover. Ich verband meine Geschäfte mit einem Besuch meiner langjährigen Freundin Ilona, die dort wohnt. Ich war extra einige Tage eher angereist, wir saßen bei ihr auf der Dachterrasse und tranken einen guten Roséwein.

Wie es immer so ist – ja, auch bei Frauen älteren Semesters –, kamen wir auf das Thema Männer zu sprechen. Wir waren beide noch nicht dem Mann fürs Leben begegnet und führten nur hier und da eine mittelmäßige Beziehung, die zur jeweiligen Erleichterung eher früher als später scheiterte. Ich war seit einem Jahr ohne Partner, Ilona seit fast zweien.

»Seit einiger Zeit bin ich mir nicht mehr sicher, ob ein gleichaltriger Mann das Richtige für mich ist«, platzte ich zu meinem eigenen Erstaunen mit meinen Gedanken heraus. Eigentlich mag ich es nicht so sehr, die Karten auf den Tisch zu legen und Tacheles zu reden, aber Ilona gegenüber war ich – dank des Weins – an diesem Abend offener als sonst.

»Du sprichst mir aus dem Herzen. Männer ab 50 sind einfach zu langweilig.« – »Wem sagst du das. Herbert wollte nicht mal mehr ins Theater gehen, ich zitiere: ›Dafür muss ich mich auch noch in Schale schmeißen. Da gucke ich doch lieber Tatort.‹ In den Urlaub wollte er auch nicht weiter als zwei Flugstunden fliegen. Und ich möchte genau ab jetzt die Welt bereisen, wo meine beiden Kinder raus sind.« – »Das kann ich nur zu gut verstehen. Jetzt bist du mal dran, nachdem du die ganzen Jahre so viel für andere getan hast. An welches Alter hattest du gedacht? Noch einen Wein?« Als sie die Flasche aus dem Kühlschrank holte, dachte ich über ihre Frage nach. Darüber hatte ich mir zuvor noch keine genauen Gedanken gemacht.

»Und?«, hakte sie nach, als sie die leere Flasche neben sich abgestellt hatte.

»Ich denke, zehn Jahre wären richtig.« – »Schade.« – »Schade?« – »Hättest du 20 Jahre gesagt, hätte ich dir jemanden vorstellen wollen.« – »Ilona, jetzt bin ich neugierig. Nicht dass du das damit beabsichtigt hättest«, sagte ich ironisch und hob mein Glas. Nachdem es klangvoll »Bling« gemacht hatte, sagte sie: »Ich kenne da jemanden, der eine Vorliebe für Frauen in unserem Alter hat. Er ist allerdings erst Anfang 30.« Ich schluckte. Ein 20 Jahre jüngerer Mann? Sie unterbrach meine Gedanken: »Er hatte mir durch Zufall vor Kurzem erzählt, dass er gern jemanden in meinem Alter kennenlernen würde. Es wäre eine alte Fantasie von ihm und er würde sie gern ausprobieren.« – »Und was ist mit dir?« – »Ich kenne ihn schon seit vielen Jahren. Es wäre, als würde ich mit meinem Sohn schlafen. Das geht nicht.« Wir mussten beide lachen und sie fuhr fort: »Ich rufe ihn gleich morgen mal an.«

Am Tag darauf kam ich um die Mittagszeit aus meinem Termin und sah auf meinem Handy, dass Ilona bereits angerufen hatte. Ich hörte mein Band ab: »Grüß dich, Marina. Er war ganz begeistert von der Idee, dich heute Abend zu treffen.«

Ist sie jetzt verrückt?, fragte ich mich. Gleich verabreden? Hätte nicht ein Telefonat fürs Erste gereicht? Sie übertrieb es mal wieder, so war sie schon immer gewesen.

Nachdem ich den Roséwein des Vorabends verdaut hatte, kam mir die Idee des 30-jährigen Typen lächerlich vor. Aber wie sollte ich herausfinden, dass ein jüngerer Mann doch nicht infrage kommt?, dachte ich auf dem Weg ins Hotel. Ich musste es ausprobieren. Augen zu und durch. Und wer weiß, vielleicht lohnt es sich sogar.

John war groß, schlank und entgegen meiner Erwartung sah er nicht mehr nach einem Bubi aus. Im Gegenteil, da reichte mir ein gestandener Mann die Hand. Ich musste gestehen: Ich war beeindruckt. Er war höflich und zuvorkommend, konnte sich ohne »Alter« und »Fuck« verständigen und reichte mir das Salz zum Essen, wenn er es mir nur ansah. Um es zusammenzufassen: Ich genoss seine Gegenwart. Ich musste mir eingestehen, dass ich viel zu große Vorurteile gehabt hatte. Ich überlegte nicht lange, als er mich fragte, ob er mich auf mein Zimmer begleiten dürfe.

Er nahm mir meinen Mantel ab und hängte ihn in die kleine Garderobe des Hotelzimmers. »Wo hast du denn diese guten Manieren her?«, fragte ich offen. »Ich komme aus einem Hause, in dem man das so gemacht hat. Mein Vater hat immer darauf geachtet, dass ich kein Bengel ohne Anstand werde.« – »Ist deinem Vater gut gelungen«, sagte ich und holte eine kleine Flasche Wein aus dem Kühlschrank. Ich goss uns ein Glas ein. Er kam mir langsam näher, und noch bevor er etwas sagen konnte, ergriff ich die Initiative und küsste ihn. Er küsste gut, ohne Zweifel. Und seine Hände an meiner Taille fühlten sich gut an.

Es waren zärtliche Stunden voller Gespräche, Wein und Berührungen vergangen und obwohl ich es eigentlich nicht tun wollte, hatte ich Lust auf Sex mit ihm. Das sagte ich ihm auch genauso. Er staunte über meine Ehrlichkeit. Das war er anscheinend von einer Frau nicht gewohnt. Dann schaltete er um.

Er zog sich sein Hemd aus, stöhnte, wie glücklich er darüber sei und wie anziehend er mich finden würde, zog mich auf dem Bett unter sich und vergrub seinen Kopf zwischen meinen Brüsten. Seine Hände mutierten von einem Nordic Walker zu einem Marathonläufer, sein Stöhnen weckte binnen Sekunden alle Zimmernachbarn. Etwas irritiert spielte ich mit und versuchte, mich auf sein Tempo einzustellen. Er zog mich schneller aus, als ich es selbst vor einer Dusche schaffen würde. Und er entledigte sich – ganz nebenbei – auch noch selbst seiner restlichen Klamotten.

Es war, als hätte bei ihm jemand den Knopf für »Animalisches Verhalten« gedrückt. Ich überlegte, ob ich ihn darauf hinweisen sollte, dass mein Ich noch beim Wein vor wenigen Minuten stehen geblieben sei und ich mit seinem Tempo nicht mitkomme. Doch ich entschied mich dagegen, ich wollte ja ihn samt seinem Alter kennenlernen. Und bis auf diesen Sex-Überschallflieger in ihm war er genau der Mann, den ich mir an meiner Seite wünschen würde.

Er vergrub seinen Kopf zwischen meinen Beinen und seine Zunge verwandelte sich in einen Rotor. Anfangs war ich etwas überreizt an meiner intimsten Stelle, doch nach einigen Sekunden konnte ich mich auf seine Bewegungen einstellen und mich sogar darauf einlassen.

Einen Orgasmus in Rekordzeit später tauchte er wieder auf und holte ein Kondom aus seiner Tasche. Als er gerade mit diesem beschäftigt war, guckte ich zum ersten Mal genauer auf sein bestes Stück. »Stück« war nur leider keine treffende Beschreibung. »Prügel« hätte es besser getroffen, oder »Schwengel«. Er war schlichtweg riesig. Gigantisch. Ein Big Ben. Das Kondom konnte unmöglich eine gängige Größe haben, dachte ich mir noch immer, staunend den Blick auf Ihn gerichtet.

Dann war es so weit, er kam seinen Urinstinkten nach. Und ich einer Gehirnerschütterung nahe.

Ich fühlte mich wie ein aufgespießtes Schwein überm Feuer. Bewegungsunfähig, weil er das Bewegen für mich mit übernommen hatte. Er war endgültig seinen animalischen Trieben erlegen.

Ich beschloss innerlich, dass jüngere Männer sehr wohl etwas für mich sind. Aber bitte alles unter 18 Zentimetern. Das reicht völlig aus. Mir jedenfalls. Und den Rest kann man trainieren.

DER 24. ONE-NIGHT-STAND

SPRITZIGE ÜBERRASCHUNG

Tabea (22), Bürokauffrau, Berlin,
über
Mike (27), Sozialarbeiter, Regensburg

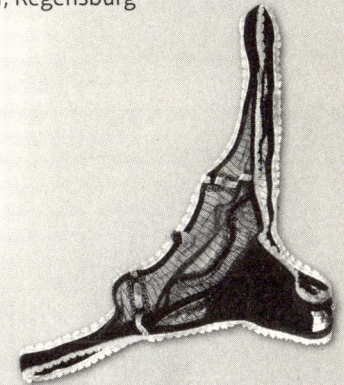

Mike kam pünktlich vor einer Bar am Strand von Ibiza auf mich zu und ich stellte erleichtert fest, dass er attraktiv war. Dessen war ich mir nämlich nicht mehr sicher gewesen, als ich an jenem Morgen mit einem Kater aufgewacht war. Ich hatte am Abend zuvor auf der Schaumparty einen über den Durst getrunken und mich für den folgenden Abend mit meinem Flirt-Tanz-Knutsch-Auserwählten verabredet.

»Hallo hübsche Frau«, begrüßte er mich herzlich. Vielleicht konnte er sich auch nicht mehr an meinen Namen erinnern.

So war es mir nämlich beim Frühstücksgespräch mit meiner Freundin ergangen, als wir über die besagte Partynacht gesprochen hatten. Aber Mike hatte mir zum Glück seinen Namen, unsere Verabredungsuhrzeit plus Treffpunkt auf einen Zettel geschrieben und ihn mir in den BH gesteckt. Es war ihm wohl nicht entgangen, dass ich einen oder zwei Cuba Libre zu viel genossen hatte.

»Hallo Mike«, sagte ich neckisch und betonte seinen Namen auffällig deutlich.

»Du hast meinen Zettel also gefunden, ja?«, fragte er und wir mussten beide lachen. Das fängt ja schon gut an, dachte ich mir. So kann es gern weitergehen.

Denn ich finde nichts schlimmer als ein verkrampftes »erstes Date«.

Ich hatte in meinem Leben schon unzählige »erste Dates« gehabt und mehr als 50 Prozent hätte ich mir sparen können. Entweder traf ich selbstverliebte Männer, die sich gern reden hörten, oder Typen, die mir ständig von ihrer ach so tollen Exfreundin erzählten. Und dann gab es noch die Komplimentkanonen. Die bombardierten mich im Tempo einer Maschinenpistole mit Komplimenten, in der Hoffnung, dass sie mich damit schnell ins Bett bekommen würden. Wenn ich sie trotzdem attraktiv fand, küsste ich sie schnell, damit sie nicht mehr reden konnten. Diese Strategie hatte mich schon das ein oder andere Mal bis zu einem tollen Orgasmus gebracht. Mehr aber auch nicht.

Zurück zu Mike. Wir verstanden uns – zu unserer beider Erleichterung – prächtig und beschlossen, am Strand einen Spaziergang zu machen.

Es dauerte keine 20 Minuten, da lagen wir heftig knutschend im Sand und wir hatten beide nur das eine im Sinn.

In mein Hotelzimmer konnten wir allerdings nicht gehen, weil meine Freundin dort war. Genauso war es um sein Zimmer bestellt. Da taten wir das Naheliegende: Wir suchten uns ein lauschiges Plätzchen weiter hinten am verlasseneren Teil des Strandes.

Wir knutschen und fummelten heftig im Sand herum. Doch ich konnte mich nicht so richtig fallen lassen. Zum einen störte mich der Sand, der in alle meine Ritzen kriechen wollte. Zum anderen krabbelte es überall und ich hatte Bedenken, dass mich gerade eine Horde Käfer oder anderes Viehzeug befummelt. Mikes Hände waren alles, was ich an Gliedmaßen auf meinem Körper spüren wollte.

Als Mike das bemerkte, deutete er auf einen Stapel Liegen, der einige Meter entfernt stand. Die Idee fand ich toll und wir kletterten auf die oberste der etwa zehn Liegen hinauf.

Eine gelungene Nummer später wollten wir unsere Klamotten zusammensammeln. Doch nach meinem String konnte ich suchen und suchen, er war nicht mehr da. Wir waren anscheinend mitten beim Sex beklaut worden. Kichernd zog ich meinen heraufgeschobenen Rock zurecht und wir machten uns auf die Suche nach seinen Klamotten.

Doch alles, was wir fanden, waren seine Socken, Schuhe und sein Shirt. Wir konnten es kaum fassen. Man hatte uns nicht nur meinen Tanga – was man bei den verrückten Vorlieben mancher Leute vielleicht hätte verstehen können – geklaut, sondern derjenige hatte auch noch seine Unterhose samt kurzer Hose eingepackt. Unser Kichern wich, als uns das allmählich aufging, ungläubigem Fluchen.

Wir fragten uns, wann der Typ uns beklaut hatte, denn wir hatten zu keiner Zeit das Gefühl gehabt, dass jemand in unsere

Nähe gekommen war. Nun stand ich vollkommen angezogen, jedenfalls oberflächlich gesehen, neben einem hübschen Mann am Strand, der außer Schuhen und seinem Shirt nur seine Männlichkeit zur Schau trug.

Ich konnte ihm leider keines meiner Kleidungsstücke leihen, denn meine zierliche Figur benötigte bei diesen Temperaturen nicht viel Stoff.

Ich wette, er wäre lieber nackt durch seine Hotellobby gegangen als mit meinem rosafarbenen Rock. Von meinem bauchfreien Top um die Hüften geschwungen ganz zu schweigen.

Als wir an allen Kleidungstauschvarianten gedanklich gescheitert waren, zog er sich sein Shirt wieder aus und band es sich mehr schlecht als recht um seine Hüften. Auf dem Weg zum Hotel flachsten wir herum und fanden unsere gute Laune wieder. Er kam wenige Minuten später zurück aus seinem Hotel und hatte neue Kleidung an. Jetzt war nur noch ich ohne Slip. An meinem Hotel angekommen, ging ich in mein Zimmer und fühlte mich auf dem Rückweg durch die Lobby nicht mehr ganz so verrucht wie noch Minuten zuvor. Mike und ich hatten einen Bärenhunger und wir gingen etwas essen.

Als wir damit fertig waren, schlenderten wir erneut zum Strand zurück und machten uns noch einmal auf die Suche nach unserer Kleidung. Wir hatten beim Pizzaessen alles genau rekonstruiert und konnten uns einfach nicht vorstellen, dass uns jemand, ohne dass einer von uns beiden es bemerkt hätte, beklaut hatte. Vielleicht hatten wir in der Rage mit unseren Füßen die Sachen im Sand verbuddelt, dachten wir.

Dort angekommen, fanden wir viel, zum Beispiel mehrere benutzte Kondome, einige BHs und unzählige Bierflaschen. Aber nichts von alledem gehörte uns.

Wir fanden uns schließlich damit ab und setzten uns auf eine Liege unweit unseres Liebesstapels. Es dauerte nicht lange und unsere Libido forderte Runde Nummer zwei.

Diesmal waren wir nicht ganz so stürmisch. Wir ließen uns etwas mehr Zeit und passten genau auf, dass unsere Klamotten nicht wahllos im Sand landeten. Wir legten uns förmlich auf unsere Sachen drauf. Zwischendurch hielten wir hier und da nach möglichen Dieben Ausschau, doch bald verloren wir uns vollends in unserem Liebesspiel. Wir fühlten uns sehr sicher, da wir eine Liege gewählt hatten, die direkt neben einer Umkleidebox stand. Wir waren uns sicher, dass uns niemand sehen konnte.

Mike war ein hervorragender Liebhaber und ich genoss den Sex mit ihm sehr. Als er gerade auf mir lag und wir uns innig küssten, zuckte er kurz zusammen. Er löste seine Lippen ruckartig von mir und sagte, während er zu seinem Arm guckte, der neben meinem Kopf lag: »Was ist denn plötzlich so nass?«

Wir blickten gleichzeitig auf und sahen direkt neben der Liege einen Mann, der den Kopf in seinen Nacken gelegt hatte und nach Luft japste. Wir erstarrten und konnten es kaum fassen: Der Kerl hatte sich gerade auf den Arm von Mike ergossen.

Was ich in diesem Ibiza-Urlaub gelernt habe?

Erstens: Sex am Strand wird völlig überbewertet.

Zweitens: Männer können es sich völlig geräuschlos selbst machen.

Drittens: Am Strand gilt: Immer Augen auf beim Sexverlauf!

TROPFSTEIN-HÖHLE

Betti (29), Tanzlehrerin, Berlin,
über
Bartholomäus (31), Lehrer, Stuttgart

Ich war viel zu früh dran. Wir waren erst in einer Stunde verabredet und ich saß schon in meinem Auto ganz in der Nähe seines Hotels. Die Wartezeit verging so zähflüssig wie die in einer Arztpraxis.

Wir hatten seit unserem Kennenlernen im Mallorca-Urlaub vor zwei Monaten alle paar Tage telefoniert und meine Lust auf ihn war dadurch nur noch größer geworden. Wir hatten nur wenige Stunden Zeit füreinander gehabt, da er kurz nach meiner Anreise schon auf dem Weg zum Flughafen gewesen war. Aber die wenigen Stunden in der hoteleigenen Disco hatten es in sich gehabt.

Wenn es »Liebe auf den ersten Blick« gibt, dann gibt es auch »Sexlust auf den ersten Blick«. Dies war uns so ergangen.

Als er mir dann beim Telefonat wenige Tage vor unserem Wiedersehen erzählt hatte, dass er kurzfristig auf eine Weiterbildung nach Berlin kommen würde, hatten mein Schritt und ich Luftsprünge gemacht. Ich war voller Vorfreude sofort aufgebrochen und hatte mir neue Spitzendessous à la Victoria's Secret gekauft.

Mit diesen Dessous am Leib saß ich dann zitternd im Auto – ich hatte mir ein hübsches Sommerkleid im Dezember übergeworfen, da kenne ich nichts, und ließ die heißen und vielversprechenden Szenen aus dem Urlaub vor meinem inneren Auge Revue passieren. Ich spürte allein schon bei den Gedanken daran ein Kribbeln zwischen meinen Beinen.

Seit dem heißen Gefummel in einer dunklen Ecke der Diskothek hatte sich die Szene in meinen Träumen zu wildem, berauschendem Sex ausgewachsen und war zwischenzeitlich Futter für meine Selbstbefriedigungsfantasien gewesen. Und genauso versprach es an diesem Abend zu werden. Leidenschaftlich, laut, hemmungslos, intensiv und vor allem ohne Zeitdruck wegen eines Heimflugs.

So schön kann Vorfreude sein, dachte ich mir mit einem Lächeln auf den Lippen und kontrollierte mein Make-up im Rückspiegel.

Endlich war es so weit, mein Handy zeigte eine SMS: *Meine Kollegen sind jetzt endlich in ihren Zimmern. Komm hoch, Zimmer 327. Ich freue mich.*

Ich klopfte leise, die Tür ging auf. Er stand vor mir und lächelte sein sexy Lächeln, wie ich es in Erinnerung hatte.

Bartholomäus verkörperte auf den ersten Blick alles, was ich an einem Mann toll finde. Er war groß gewachsen, hatte eine stattliche Figur und tolle Augen. Seine Gesichtszüge waren weich, aber trotzdem männlich, seine blonden Haare voll und seine Lippen brachten mich um den Verstand.

Er zog mich zu sich heran, warf die Tür hinter mir zu und küsste mich. Seine Hände glitten sofort hinunter zu meinem Po, meine Hände taten es seinen gleich. Er nahm mich hoch, trug mich zu dem großen Bett unweit der Zimmertür und legte mich sanft ab. Meine Tasche ließ ich neben dem Bett fallen und meine Schuhe flogen gleich ebenfalls zu Boden.

»Du bist noch schöner, als ich dich in Erinnerung hatte«, hauchte er in mein Ohr und küsste mich. Mit beiden Händen war ich schon unter seinem Shirt, fuhr damit seinen Rücken hinauf und dachte plötzlich: Was zum Teufel ist das denn???

Ich fühlte Haare. Viele Haare. Ich spürte weiter den Rücken hinab. Da fühlte ich schon etwas weniger dichtes Fell. Aber nur, um kurz über seinem Hosenbund erneut fündig zu werden. Ich fühlte genauer nach und versuchte, mir von meiner unerwarteten Entdeckung ein Bild zu machen. Ich ertastete kräuseliges Haar. Und davon jede Menge.

Er deutete mein wildes Herumgetaste als unbändiges Verlangen und zog sich sein Shirt aus. Und was ich dann sah, holte mich aus all meinen Solosexfantasien zurück ins Hier und Jetzt: dunkelblonde, teilweise sogar gelblich schimmernde Behaarung am ganzen Oberkörper. Kraus streckte es sich mir entgegen und erinnerte mich plötzlich an einen geplatzten Staubsaugerbeutel. Ich meine, ein wenig Haare auf der Brust sind ja gut und schön, aber einen Albino-Gorilla möchte ich ungern in meinem Bett haben, schoss es mir durch den Kopf.

Ich beschloss schnell, einfach nicht so genau hinzusehen und die wuchernde Pracht schnell wieder zu verdrängen. Küssen konnte er gut, seine Hände waren geschickt und seine Beule in der Hose versprach mehr als die deutsche Durchschnittslänge von etwa 13 Zentimetern.

Er zog mir mein Kleid aus, warf es hinter sich auf den Boden und legte sich auf mich. Vielleicht sollte ich mal meine Lieblings-suchmaschine im Internet befragen, ob die Hierarchie in einer Affenhorde von der Stärke der Behaarung abhängt? Und wenn ja, dann würde ich mit dem Silberrücken schlechthin im Bett liegen.

Ich ermahnte mich innerlich, bei der Sache zu bleiben und mich von nun an intensiver mit seinen Vorteilen zu befassen. Ich küsste ihn wild.

Seine Finger glitten unter mein Kleid, ruhten kurz auf meinem Venushügel und er stöhnte auf. Das turnte mich nach dem kleinen Lustabfall wieder an und ich machte mich auf die Suche nach seinem Prachtstück. Seine Hand fuhr mit leichtem Druck über meinen Spitzenslip zu meinen Schamlippen und meiner Klit. An meiner Spalte angekommen, spielte er herrlich fordernd mit seinem Mittelfinger herum. Ich spürte, wie ich ganz feucht wurde, und öffnete ihm seine Hose. Stolz sprang mir sein hübscher Penis entgegen, er trug keine Unterwäsche. Und zu meiner Erleichterung hatte er den Haaren in seinem Intimbereich (mit Wachs? Aua …) die Stirn geboten. Glatt und irgendwie aufgeräumt sah es dort aus. Herrlich.

Mit einer Hand schlüpfte er in meinen Slip und schob ohne Umwege seinen Mittelfinger in mich. Ich stöhnte lauter auf, als er es erwartet hatte, und das schien ihn so zu erfreuen, dass er gleich einen zweiten Finger dazunahm. Sie wurden feucht empfangen und meine Fantasien aus den Wochen zuvor schienen doch noch in Erfüllung zu gehen.

Ich stand nach einem angenehm spielerischen Fingern auf, um ein Kondom aus meiner Handtasche zu holen. Als ich mich wieder zu ihm umdrehte, lag er nackt auf dem Bett und ich sah ihn in ganzer Pracht. Er hatte grundsätzlich einen schönen Körper, das musste ich ihm zugestehen. Aber seine massigen Haare waren ein echtes Problem. Er hatte wirklich überall dichten Bewuchs, nur sein Intimbereich setzte sich wie ein helles Höschen unbehaart ab.

Meine Gedanken schweiften erneut zu den Affen im Urwald ab. Sexspiele mit verbundenen Augen kamen mir in diesem Moment sehr verlockend vor. Aber da ich nichts in der Art zur Hand hatte, sagte ich innerlich zu mir: »Komm, Betti, Augen zu und durch. Es sind doch nur ein paar Haare! Und wenigstens sind sie blond und nicht, noch auffälliger, schwarz.«

Ich legte mich zu ihm, streifte ihm wenig später ein Kondom über und setzte mich langsam auf ihn. Ich schloss meine Augen und das dankte mir meine Libido sofort. Rhythmisch bewegte ich mich auf seinem Schoß, er stöhnte immer lauter und auch meine Lust machte sich auf den Weg zum Gipfel. Dem kam ich noch näher, als er seinen Daumen auf meine Klit legte und ich sie mit meinen eigenen Bewegungen stimulierte. Er fühlte sich herrlich in mir an und ich konnte die Spitze des Berges innerlich schon sehen, als er sagte: »Komm, dreh dich um. Jetzt will ich dich wundrammeln.« Wundrammeln?, fragte ich mich und riss die Augen auf.

Ich hoffte, dass er das nicht wörtlich nehmen würde, denn mein Hase Rudi aus der Kindheit hatte Häsin Lisa im Stall immer bewusstlos gerammelt.

Ich hatte den Gedanken noch nicht ganz zu Ende gedacht, da lag er auch schon auf mir und tat es meinem Rudi gleich. Super.

Der lang ersehnte Gipfel war durch den Stellungswechsel eh schon in weite Ferne gerückt, aber wenn er so weitermachte, würde ich den Berg ohne meine eingerammte Fahne auf der Spitze wieder herabsteigen müssen, dachte ich.

Ich machte erneut meine Augen zu und konzentrierte mich auf das Gefühl zwischen meinen Beinen. Einen Takt langsamer und ich würde – nach einiger Zeit – den Gipfel wieder sehen können, stellte ich erleichtert fest. Es waren also noch nicht Hopfen und Malz verloren.

Doch auf dem Weg zurück spürte ich etwas Nasses auf meiner Schulter. Ich schlug die Augen auf und sah in zwei Achsel-Tropfsteinhöhlen. Seine Achselhaare hatten sich zu triefenden Zapfen verklebt und die nächsten Schweißtropfen hingen schon zum Fallen bereit.

Ich war bei diesem Anblick so schnell wie noch nie ins Tal hinabgestiegen. Also schaltete ich den Stöhn-Autopiloten an und ließ ihn endgültig allein hinauf zum Gipfel rammeln.

Zwei Stunden später saß ich mit einem Sekt Aperol zu Hause an meinem Laptop und las, dass das größte und stärkste Männchen im Affenrudel der Anführer ist und die Haare keine nähere Bedeutung haben.

Was ich gelernt habe?

Erstens: Nimm dich vor Männern in Acht, die Bartholomäus heißen. Da ist immer was im Busch. Oder er ist ein einziger Busch, wie man es nimmt.

Zweitens: Männer dürfen Haare haben, ja. Aber nicht im Heckenausmaß!

Drittens: Schweißtropfen aus Achselhöhlen können Albträume verursachen.

NIX WIE WEG

Carlotta (31), Make-up-Artist , Paderborn,
über
Mr. X, (circa 20), unbekannt, irgendwo aus Belgien

Als ich mich im Winter 2012 mit meiner Freundin zu einer längeren Fernreise aufmachte, sagten wir beide wie aus einem Mund, als der Flieger abhob: »Nix wie weg.« Vor allem von Männern hatten wir die Nase voll. In den Monaten zuvor hatten wir beide alles andere als tolle Erfahrungen gemacht. Wir waren überzeugt, dass unsere Auszeit von mehreren Wochen – unter anderem im Outback – alle Wunden heilen würde.

Vier wunderschöne Wochen lang genossen wir die unendliche Weite Neuseelands, die atemberaubenden Landschaften Australiens und sahen massenhaft autoleere Straßen. Wir bewunderten skurrile Landschaftsformationen, lustige Straßenschilder mit Kängurus darauf und sahen die Ostküste Australiens mit all ihren Facetten.

Doch einen bitteren Beigeschmack hatte unsere Tour nach einiger Zeit bekommen: Geldmangel. Australien ist teuer. Sehr teuer. Und obwohl wir mit einem Campingvan unterwegs waren und unser Geld auch sonst gut zusammenhielten, war schnell Ebbe im Portemonnaie gewesen. Ein Hotel mit luxuriösem Doppelbett und eigener Dusche konnten wir uns nicht mehr leisten. Also beschlossen wir, für einen schmalen Taler den Rest der Reise nur noch in Hostels zu verbringen. Hostels sind teurer als Caravans, aber um einiges bequemer. Wir hatten einfach die Schnauze voll von den unbequemen Nächten und den langen Wegen durchs Gebüsch zur Toilette gehabt.

Auf der einen Seite störte es uns kaum, dass wir unsagbare 40 Dollar in Sydney für eine Nacht in einem Acht-Bett-Zimmer hinlegen sollten. Doch auf der anderen Seite ging es uns zunehmend auf die Nerven, dass wir immer – wirklich immer – die Ältesten waren.

Um uns herum schliefen nur Pubertätspickel-geplagte Jungs und kichernd beschwipste Mädchen. Das kann einem ziemlich schnell das Gefühl geben, dass man Anti-Falten-Creme braucht und langsam über ein Reihenhaus nachdenken sollte.

Tage später in einem Hostel in Brisbane angekommen, spürten wir, dass uns nach der ganzen Ruhe zunehmend der Sinn nach Party und Feiern stand.

Als wir mal wieder in einem Acht-Bett-Zimmer angekommen waren, fragte uns ein Mädchen, ob wir später Lust auf einen Drink am Lagerfeuer hätten. Meine Freundin kommentierte die Einladung mit einem eindeutigen Scheiß-drauf-jetzt-ist-eh-alles-egal-Blick in meine Richtung. Sie hatte recht, mittlerweile war es egal, ob wir uns mit unseren 30 Jahren unter Stimmbrüchigen tummelten. Und vielleicht würde es sogar ein wenig Spaß machen, uns wie in den guten alten Zeiten um ein Feuer zu scharen.

Wenig später saßen wir am Strand um ein wirklich schönes Lagerfeuer herum. Die anderen waren allesamt unter oder ganz knapp über 20 Jahre alt.

Da in Australien Alkohol sehr teuer ist, tranken wir »Goose«, einen billigen – und für die Leber tödlichen – Wein aus dem Tetrapak. Und weil ein Lagerfeuer in Australien so wie überall auf der Welt kein richtiges Lagerfeuer ist, wenn keine Trinkspiele gemacht werden, spielten wir auch dabei mit.

Der Goose schmeckte nach dem dritten Glas ganz gut und ich genoss zunehmend die ausgelassene Stimmung in der Multi-Kulti-Runde.

Als ich die fünfte Würfelrunde »Meier« verloren und wieder ein Glas auf ex getrunken hatte, setzte sich ein Jüngling aus Belgien zu mir. Mittlerweile fand ich grundsätzlich alle um mich herum hübsch, auch ihn. Goose macht schön, schätze ich. Den Fragen der anderen bezüglich unseres Alters waren wir erfolgreich ausgewichen und ich beantwortete auch ihm die Frage mit einem ironischen »Ich könnte deine Mutter sein!«.

Auf die entsprechende Gegenfrage verzichtete ich aus reinem Selbstschutz, sein genaues Alter wollte ich gar nicht erst wissen. Ich beugte mich grinsend zu meiner Freundin rüber und flüsterte ihr zu: »Ich hab mir die hier alle älter getrunken. Mal was Neues.« Sie nickte zustimmend, zwinkerte mir beschwipst zu und wendete sich wieder ihrer neuen Bekanntschaft zu. Es war ein schöner Abend und eine angenehme, fast romantische Atmosphäre am Strand hatte uns auf unserer Tour noch gefehlt. Knisterndes Feuer, lachende und sich amüsierende Leute, leise Gitarrenklänge, Wellenrauschen, Alkohol und hübsche Kerle.

Unzählige Runden Meier später schaute ich zu Mr. X neben mir und sagte lallend: »Ich muss ins Bett.« Er erhob sich und sagte, dass er mich begleiten würde. Na ja, wahrscheinlich hatte er es nicht genau so gesagt, sondern eher so was wie: »Jo.«

Um zum Hostel zurückzukommen, mussten wir durch einen kleinen dunklen Wald gehen. Mr. X legte seinen Arm um mich und ich fühlte mich beschützt. Beschützt von einem Jungen, der gerade erst seinen Stimmenbruch gehabt hatte?, dachte ich. Aber diesen Gedanken verdrängte ich schnell wieder. Goose sei Dank.

In der Herberge angekommen, ging ich einfach neben ihm her. Er sah in diesem gedimmten Licht überraschend sexy aus und warum sollte ich mir sein Zimmer nicht einmal genauer anschauen? Er bewohnte ebenfalls ein Acht-Bett-Zimmer und einige Betten waren bereits belegt. Aber mein Entschluss stand fest: Ein wenig Nähe könnte ich gut vertragen. Wir werden schon niemanden stören und bestimmt bekommt eh keiner was mit.

Zehn Minuten später lag ich bei ihm unter der Decke. Es dauerte keine weiteren zehn Minuten, da fummelten wir schon heftig an-einander herum. Und es machte Spaß. Großen Spaß sogar. Mitten dabei hörte ich auf einmal eine Stimme vom anderen Ende des Zimmers sagen: »Quiet, please.« Wenig später dasselbe noch ein-mal aus einer anderen Ecke. Wir blieben unbeirrt.

Am nächsten Morgen wachte ich auf. In meinem Zimmer. Gut!, dachte ich sofort. Aber wann bin ich in mein Zimmer gegangen? Ich richtete mich auf und schaute in das grinsende Gesicht meiner Freundin, die belustigt eine Augenbraue hob. »Guten Morgen, Weltenbummlerin.« Ihr Gesicht war das Einzige, was ich in diesem

Moment sehen wollte. Wir kicherten wie die jungen Dinger um uns herum – Anpassung in fremden Ländern ist das A und O – und ließen den vorangegangenen Abend Revue passieren.

Sie fragte mich: »Weißt du eigentlich, wie der Typ aussah?« Ich musste gestehen, dass ich es nicht genau wusste. Ich hatte ihn sexy in Erinnerung, aber genaue Bilder hatte ich nicht mehr vor Augen. Sie nickte und flüsterte: »Ich weiß, wer es war. Ich zeige ihn dir später, wenn wir ihn sehen sollten.« Wie peinlich, dachte ich, da muss ich mir von meiner Freundin den Typen zeigen lassen, dessen Bett ich gehörig aufgewühlt habe.

Eine wohltuende Dusche später standen wir vor der Gemeinschaftsküche.

»Oh, da ist er«, sagte sie leise. Ich überflog alle Typen in der Küche, fand aber keinen sexy Typen darunter. »Hä? Welcher denn? Ich kann ihn nicht finden.«

Sie zeigte auf einen Jungen – anders kann man es leider nicht sagen – mit schmalen Schultern, viel zu schlaksig und vor allem jünger, als ich gedacht hätte.

»Oh Gott, ich kann da nicht reingehen«, sagte ich. »Komm schon«, stieß sie mich an. »Du schaffst das!«

»Niemals. Was, wenn er mir einen Kuss geben will und mich Honey oder so nennt?«, fragte ich entsetzt. In diesem Moment stürzten Bäche von Reuegefühl über mich herein. Wie hatte ich mich nur zu so viel Goose hinreißen lassen können? »Komm schon, du gehst da jetzt rein und stehst zu deinen Taten! Du bist schließlich über 30. Und wenn er dir zu nahe kommt, sagst du ihm eben, dass es was Einmaliges war und du noch keinen Wunsch nach einem Kind im Haus hast. Na ja, Letzteres kannst du ruhig weglassen.« Wenigstens hatte eine von uns ihren Humor nicht verloren.

Ich machte kurz die Augen zu und atmete tief durch. Dann ging ich in die Küche und sah ihm direkt in die Augen. Doch anstatt ihn auch nur ein Fünkchen anziehend zu finden, fühlte ich nur eins:

Muttergefühle. Ich ließ meine Kaffeetasse auf der Stelle stehen und stürmte aus der Küche. Meine Freundin holte mich schnell ein.

»Wir packen jetzt unsere Sachen und fahren. Sofort«, sagte ich entschlossen. Sie kannte mich und ihr war klar, dass es keine Widerrede gab. Im Zimmer angekommen, warf ich alles in meinen Koffer und stellte fest, dass von meinen Lieblings-Flip-Flops nur noch der rechte da war. Ich hatte sie am Abend zuvor getragen. Schnell war klar, wo ich ihn vergessen hatte. »Weißt du, wo das Zimmer des Typen ist?«, fragte ich meine Freundin. »Ungefähr …«

Wir rannten förmlich über den Gang, denn ich hatte alles im Sinn, nur nicht noch einmal Mr. X über den Weg laufen. Vor einem Zimmer blieb ich stehen und sagte hastig: »Meinst du, es war das hier?« Sie zuckte nur mit den Schultern. Genau neben der Tür saß ein Mädchen, das uns stirnrunzelnd ansah. Sie sagte: »Wenn du letzte Nacht um halb zwei laustarken Sex hattest, ja.« Ich schluckte und konnte mir ein verschämtes Grinsen nicht verkneifen. Sie war wohl eine der Stimmen gewesen, die uns zum lautlosen Sex aufgefordert hatten. »Äh, das klingt in der Tat nach mir«, sagte ich leise und zog meine Freundin am Handgelenk mit in den Raum hinein. Wir suchten in Windeseile das Zimmer nach meinem fehlenden Flip-Flop ab und ich wurde schnell fündig. Unterm Bett, wo auch sonst. Neben einem gebrauchten Kondom. Das gab mir den Rest. Ich wollte schnell weg. Ganz weit weg. Am liebsten Brasilien, das dürfte weit genug sein.

Fünf Minuten später schmissen wir unsere Rucksäcke in den Van und ich trat das Gaspedal durch. Wir fuhren knappe 500 Kilometer ohne eine einzige Pause, nur um so schnell wie möglich von Brisbane und meinen Muttergefühlen entfernt zu sein.

Fazit eins: Vor komischen Erlebnissen mit Männern ist man auch in Brisbane nicht gefeit.

Fazit zwei: Ich kann mich in einem Wald gut selbst beschützen.

Fazit drei: Nie wieder Goose.

DER 27. ONE-NIGHT-STAND

E.T.

Juliane (33), Einzelhandelskauffrau, Hamburg,
über
Nils (30), Sicherheitsmann, Hamburg

Langsam richten unsere Gesichtsmasken nicht mehr viel aus. Wir brauchen Botox. Und zwar ganz viel davon«, stellte ich fest, als ich vor etwa einem Jahr neben meinen beiden engsten Freundinnen auf der Couch saß und skeptisch in den Handspiegel schaute. Seit einigen Monaten trafen wir uns alle zwei Wochen zum gemeinsamen Beautynachmittag, um langsam, aber sicher unseren ersten Fältchen die Stirn zu bieten.

Janine: »Verdammt. Du hast recht. Cremes können einer Rosine auch nicht mehr zu einer Weintraubenhaut verhelfen.«

Nicki: »Ich glaube, ich habe seit dem letzten Mal schon wieder zwei Falten an den Augen dazubekommen.« Sie zog beim Anblick ihres Spiegelbildes die Haut an den Schläfen nach hinten. Dabei übertrieb sie so sehr, dass man hätte denken können, ihre Mutter hätte vor langer Zeit mal einen intensiven Urlaub in China gehabt.

Janine: »Nicki, du hast die letzte Nacht fast komplett durchgevögelt. Was erwartest du?«

Wir mussten lachen. Dann lächelte ich mein Spiegelbild an und versuchte dabei, die Fältchen um meine Augen herum zu zählen. Wobei meine Fältchen – im Gegensatz zu Nickis – leider nicht von einer Nacht voll Sex und Begierde sprachen.

»Falten erzählen doch eigentlich nur von einem bewegten und ereignisreichen Leben, oder? Warum schämen wir uns eigentlich dafür?«, sagte ich mehr zu mir selbst als zu den anderen beiden. Die starrten mich mit Fragezeichen in den Augen an.

Nicki sagte nach einem Moment des Grübelns: »Weil es unordentlich aussieht.« Wir kicherten vor uns hin und ich dachte, dass diese Antwort auch nur von Nicki kommen konnte. Ihr ganzes Leben ist so durcheinander wie meine Handtasche, aber in ihrer Wohnung könntest du ohne Voranmeldung Katalogaufnahmen für *Schöner Wohnen* machen. Vor allem, wenn man einen unbekannten, schönen und ganz nackten Mann im Bett mit ablichten möchte.

Da kam mir eine Idee: »Mädels, Spaß beiseite. Wollen wir mal wieder, so wie früher, zusammen ins Buga gehen?«

Janine antworte mit einer hochgezogenen Augenbraue: »Lassen die uns da überhaupt noch rein? Ich meine, wir waren das letzte Mal mit Mitte 20 da.«

Nicki: »Entschuldige bitte, Teile von uns sind immer noch unter 20. Und natürlich lassen die uns rein! Ich finde die Idee gar nicht schlecht. Und damit wir es uns nicht anders überlegen, machen wir das gleich am nächsten Samstag.«

*

Samstagabend: Das gemeinsame Aussuchen der Kleider für einen bevorstehenden Discoabend scheint keine Frage des Alters zu sein, dachte ich mir, als wir skeptisch wie vor zehn Jahren vor dem Berg an Klamotten standen und uns sicher waren: Es ist einfach nichts dabei. So langsam zweifelte ich an unserem Vorhaben, wie in alten Zeiten die Clubszene unsicher zu machen. Das lag nicht nur an der fehlenden Kleidung, sondern auch an Jacob, meinem Freund.

Ich hatte kurz vor unserem Kleiderschrankdesaster eine einstündige Debatte mit ihm geführt, ob es als Frau über 30 wirklich nötig sei, allein mit Freundinnen tanzen zu gehen. Er hatte unbedingt mitkommen wollen. Ich war nicht auf seine Diskussionssucht eingegangen und stattdessen schnaufend aus der Tür gestürmt, ohne mich von ihm zu verabschieden. Er sollte ruhig merken, dass ich die ständigen Debatten satthatte. Nachdem ich mich bei meinen beiden Mädels vor dem Kleiderschrank darüber ausgeweint hatte, ging es mir schon besser. Nicki hatte solche Beziehungsprobleme nicht. Sie war glücklicher Dauersingle und hatte von uns dreien, mit Abstand, den meisten Sex. Und den besten, wenn man ihren umfassenden Erzählungen glauben schenkte.

Janine war die Zurückhaltende von uns und schon seit ihrem 20. Lebensjahr glücklich vergeben, verheiratet und stolze Hausbesitzerin eines Reihenendhauses. »Da fehlt nur noch der Kinderwagen und der Golden Retriever«, sagt Nicki immer.

Ich war irgendwas dazwischen – sozusagen halbschwanger. Kein Single, aber auch nicht glücklich. Mit Jacob war ich unbemerkt in einen Beziehungsstrudel aus gegenseitiger Unachtsamkeit, überflüssigen Streitereien und Versöhnungssex geraten. Streitereien gehören in einer Beziehung dazu, ich weiß. Sex auch. Nur dass die Qualität von beidem bei uns nach und nach spürbar abgenommen hatte.

Wenig später – ich hatte auf der Fahrt verkündet, an diesem Abend lieber alkoholfrei zu bleiben, falls ich später zu Hause noch Diskussionen ausstehen musste – standen wir vor dem Buga inmitten der ganzen jungen Dinger, die High Heels so hoch wie Bordsteinkanten trugen. Die Röckchen der Mädchen waren nur noch längere Oberteile und das Make-up in ihren Gesichtern schillerte in allen Farben. Da hatte sich also in den ganzen Jahren nicht so viel verändert. Das beruhigte mich.

Bei den jungen Männern sah das anders aus. Die Kerle trugen tiefere Ausschnitte als die Mädels und ihre Jeans erinnerten mich an die Leggins, die meine Mutter in den 80er-Jahren gerne getragen hatte.

»Fürchterlich, die Mode heutzutage. Da braucht man ja in den Kaufhäusern keine getrennten Abteilungen mehr für Damen und Herren«, sagte Nicki kopfschüttelnd.

Ich fühlte mich fehl am Platz und fragte mich, ob Jacob nicht doch recht gehabt hatte. Und genau in diesem Moment sah ich ihn: den Türsteher am Eingang des Buga.

Unsere Blicke trafen sich rein zufällig und ich konnte nicht mehr von ihm lassen. Er verkörperte genau das, was ich mir unter einem gestandenen Mann vorstellte.

Seine Oberarme hatten nahezu denselben Umfang wie meine Oberschenkel – und das will schon was heißen –, seine Brustmuskeln zeichneten sich unter dem lockeren Jackett ab. Ein kleines, süßes Bäuchlein war unter seinem weißen Hemd zu erkennen. Sein markantes Gesicht, sein bestimmender Blick, alles passte zusammen. Ich war fasziniert.

Viel zu schnell waren wir von ihm vorbeigewinkt worden und standen in dem schrecklichsten Laden, den ich je betreten hatte.

Das heutige Buga hatte nichts mehr mit unserer einstigen Jugenddisco gemein. Die gemütliche Atmosphäre war scheinbar lang gezüchtetem Dreck gewichen, die tanzbare Popmusik war von eintönigem Bum-Bum abgelöst worden.

Wir steuerten direkt die Bar an und ich bestellte für uns einen Gin Tonic. Und dann noch einen, wir mussten den Schock erst mal runterspülen. Dabei konnte ich den Türsteher beobachten, wie er eine Rangelei zwischen drei Männern beendete. Er nahm den einen am Schlafittchen, den anderen an der Schulter und ehe ich mich versah, hatte er alle drei irgendwie vor die Tür gesetzt. Und das alles schien ihn so angestrengt zu haben wie mich den Müll rausbringen, nämlich gar nicht. Wow, was für ein Mann, dachte ich.

Zwei Stunden später war von meinem frühabendlichen Vorhaben, nüchtern zu bleiben, nichts mehr übrig. Ich trank Gin Tonic, Sex on the Beach und Wein. Drei Mal hintereinander, genau in dieser Reihenfolge.

Meine neue Mission nach all den Drinks war klar: ohne mich zu übergeben an dem Türsteher vorbeikommen. Nur bis um die Ecke, das würde mir schon reichen.

Zum Glück gelang mir das. Ich konnte sogar noch die um einiges betrunkenere Nicki stützen.

Am nächsten Morgen fühlte ich mich durchgekaut und wieder ausgespuckt. Doch trotz Brummschädel und flauem Magen musste ich an den Türsteher denken. Ich hatte ihn nur kurz gesehen, aber meine Neugier war geweckt. Ich beschloss, mit meinen beiden Freundinnen darüber zu reden und mich von ihnen zur Vernunft bringen zu lassen.

Eine Stunde später saßen wir mit Aspirin und literweise Wasser an Janines Küchentisch und besprachen flüsternd – unsere Kopfschmerzen ertrugen noch keine Zimmerlautstärke – meine pubertären Gefühle.

Nicki: »Ganz klare Sache: Du solltest ihn treffen. Und am besten noch mit ihm vögeln.«

Janine: »Soll Jule etwa ihre Beziehung aufs Spiel setzen, nur weil sie ein Typ interessiert? Und wenn er doch nicht ihr Traummann ist oder sogar eine Frau zu Hause hat, was ist dann? Alles umsonst!«

Nicki: »Aber ihre Libido scheint noch da zu sein und ist einsatzbereit. Alles andere fügt sich dann schon.«

Ich: »Ich glaube, ich habe mir gestern meine Vernunft weggesoffen.«

Janine seufzte und sagte resignierend: »Dann auf zum Kleiderschrank. Wir suchen uns jetzt schon die Klamotten für nächsten Samstag raus, so haben wir dann mehr Zeit zum Vorglühen. Mein Mann ist sowieso auf Weiterbildung und ich habe nichts Besseres vor.«

Ich: »Nächsten Samstag schon?«

Nicki: »Na, du willst ihn doch kennenlernen, oder? Also, worauf warten wir?«

Ich: »Man lebt ja nur einmal. Aber dieses Mal lasse ich die Finger vom Alkohol.«

Janine entwich nur noch ein ironisches »natürlich« und war im nächsten Moment schon im Schlafzimmer verschwunden.

*

Samstags darauf standen wir wieder vor dem Buga. Nicki und Janine hatten schon einen in der Mütze. Ich hatte mich vorsichtshalber zurückgehalten und nur ein einziges Glas Sekt getrunken. Dieses Mal wollte ich meine neue Mission – die Telefonnummer vom Türsteher – erfüllen. Wozu hatte ich denn sonst an diesem Tag mit Jacob den Streit gesucht?

Nicki hatte mir nämlich noch geraten: »Jule, sag einfach beim nächsten Streit zu Jacob, dass du eine Auszeit brauchst, zum Nachdenken oder so. Sag ihm, dass du für zwei Tage zu einer Freundin gehst. Bleib ruhig bei mir. Dann haben wir freie Bahn.«

Es war gar nicht so einfach gewesen, absichtlich einen Streit anzuzetteln!

Ich schenkte ihm beim Betreten des Buga mein schönstes Lächeln, welches er prompt mit einem Schmunzeln kommentierte. Der Anfang war getan.

Als ich eineinhalb Stunden später die sexgeile Nicki aus den Armen eines 20-jährigen Jünglings befreien wollte, hatte ich seine Handynummer bereits in meiner Handtasche. Damit war meine Mission erfüllt und Janine und ich wollten schnell nach Hause, um den weiteren Plan zu besprechen. Die Musik hielt uns ganz bestimmt nicht in diesem Laden fest. Nur Nicki hatte sich bereitwillig mit der Zunge des Jünglings verknotet und sie schien keine Anstalten zu machen, mit uns nach Hause zu kommen.

Also saßen Janine und ich wenige Minuten später im Taxi – ich hatte Nicki vorsorglich drei Kondome gegeben – und fuhren schon mal vor in ihre Wohnung. »Hoffentlich landet sie nicht bei seinen Eltern zu Hause im Kinderzimmerhochbett«, scherzte ich mit Janine.

Das Taxameter zeigte noch nicht einmal die ersten fünf Euro an, da vibrierte mein Handy und zeigte eine SMS: *Komm gut nach Hause. Nils.*

Hätte ich nicht in einem Auto gesessen, hätte ich vor Freude die Hacken zusammengeschlagen. Ich antwortete schnell: *Wenn der Taxifahrer mich nicht entführt, dürfte nichts dazwischenkommen.*

Kurz darauf vibrierte mein Handy erneut: *Dann würde ich ihn finden und er hätte nicht viel zu lachen. Am besten, ich überzeuge mich morgen selbst davon, dass es dir gut geht.* Ich juchzte vor Freude und schrieb zurück: *Die Idee finde ich gut. Vorschläge?*

Jetzt dauerte seine Antwort länger und ich nutzte die Zeit, um Janine neben mir auf den neusten Stand zu bringen. Ich erzählte, dass seine tiefe und männliche Stimme genau zu seinem Aussehen gepasst hatte, als ich ihn – natürlich zum Schein – nach dem Zigarettenautomaten gefragt hatte. Er war fast zwei Köpfe größer gewesen als ich und seine Schultern würden wohl kaum in den Sitz meines Twingos passen. Wir hatten nicht viele Worte gewechselt, dafür viele eindeutige Blicke. Nils war ein klassischer Macho und ich war gespannt, wie es weitergehen würde.

Bei Janine angekommen, nahmen wir uns einen Sekt aus dem Kühlschrank, legten uns mit einer Kuscheldecke auf ihre Couch und ich verabredete mich mit Nils per SMS für den folgenden Abend zum DVD-Gucken. »In der Höhle des Löwen«, hatte er es genannt, bei ihm zu Hause. Aber kochen würde er ganz sicher nicht für mich, hatte er in der letzten SMS noch deutlich klargestellt. Mit viel Vorfreude und Aufregung schlief ich auf der Couch ein.

Pünktlich um halb acht stand ich am folgenden Abend vor einem hübschen Altbau unweit der Alster und atmete tief durch. Jetzt wäre die letzte Chance zum Abhauen, ermahnte mich die Vernunftsecke in meinem Hirn. Doch innerlich zog es mich in die Arme von Nils, denn Jacob hatte sich in der ganzen Zeit meiner »Auszeit« nicht einmal gemeldet. Und das sprach nicht gerade für ihn. Ein Betteln und ein reumütiges »Lass uns bitte reden, ich vermisse dich« auf meiner Mailbox hätte mich vielleicht umgestimmt. Doch so umarmte ich wenige Minuten später den fast unbekannten Nils zur Begrüßung und ließ Jacob gedanklich draußen auf dem Flur stehen.

»Ich habe uns zwei Filme besorgt«, sagte Nils mit einem schiefen Grinsen, als ich mich auf dem Flur meiner Jacke entledigte. Super, Filme wie *Pulp Fiction* oder *Kill Bill* wollte ich schon lange mal wieder sehen, dachte ich mir voller Vorfreude, vielleicht schaffen wir ihn wenigstens bis zur Hälfte.

Als er dann vor mir in sein Wohnzimmer ging und ich seine Muskeln unter dem engen Shirt sah, brach alles unterhalb meiner Gürtellinie in Jubel aus. Was für ein Mann, schoss es mir immer und immer wieder durch den Kopf.

Doch dann sagte er: »Ich habe *Titanic* für uns besorgt. Und meinen Lieblingsfilm *E.T.* Such dir einen aus.« Wie bitte? Was hat er gesagt? *Titanic*? *E.T.*? Als ich mich in diesem Moment im Wohnzimmer umsah, fühlte ich mich wie in einer Kerzenzieherei. Mindestens 30 Kerzen waren im ganzen Raum verteilt, es roch nach Vanilleräucherstäbchen und auf dem Tisch standen Popcorn und Gummibärchen. Gummibärchen! Wo war bloß der Terminator, der Macho, den ich erwartet hatte?

Ich sagte stirnrunzelnd: »Oh wow, ich bin über…, ähm, überwältigt.« »Überfordert« oder »überfragt« hätten es besser getroffen.

»Ich liebe es, bei Kerzenschein einen guten Film zu gucken«, sagte er. »Und ich dachte, du würdest die Idee gut finden.«

Ich schluckte kurz und antwortete, noch nach den passenden Wörtern suchend: »Ja, es ist wirklich sehr schön. Und so gemütlich.«

Ich holte tief Luft, ließ mich auf der Couch nieder und schaute mir eine gefühlte Ewigkeit das kleine, verschrumpelte Aliending im Fernseher an. So hatte ich mir den Abend ganz bestimmt nicht vorgestellt. Ich dachte, er packt mich gleich hinter der Tür, trägt mich leicht wie eine Feder in sein Schafzimmer und macht mit mir Dinge, die ich schon sehr lange nicht mehr zu träumen gewagt hätte. Doch nichts holte mich so hart runter wie die Realität.

Beim Abspann nahm ich die Situation selbst in die Hand und fasste mir ein Herz, küsste Nils und wartete seine Reaktion ab. Zu meinem Erstaunen erwiderte er sofort und zog mich an sich. Trotz aller Irrungen und Wirrungen platzte meine Lust nur so aus mir heraus. Ich umschlang ihn, ging mit beiden Händen unter sein Shirt, erforschte seinen Oberkörper und drückte mich noch stärker an ihn. Seine Hände fuhren zart und zurückhaltend über meinen Körper, seine Zunge spielte schüchtern mit meiner. Und eh ich mich versah, hatte ich die Führung übernommen und gab das Tempo an.

SMS um 5:26 Uhr an Nicki und gleichzeitig an Janine: *Jetzt habe ich einige Fältchen mehr um die Augen! :-) Die Nacht war der Inbegriff von Sinnlichkeit und mein Rücken ist immer noch voller Massageöl. Nach seinem Orgasmus hatte er Tränen in den Augen und sagte, dass ich wie eine Traumfrau für ihn bin. Jetzt fahre ich nach Hause und packe gleich morgen früh meine Sachen. Ich will jetzt erst mal Single sein und Sex mit einem Titanic-liebenden Gummibärchenmacho haben. Mir geht's sooooooo gut! Kussi, eure breitbeinig laufende Jule!«*

Fazit eins: E.T. macht manchmal auch noch mit 30 Spaß.

Fazit zwei: Man sollte niemals mit einem Mann zusammenbleiben, nur weil man es so gewohnt ist.

Fazit drei: Es ist meistens anders, als es scheint.

DER 28. ONE-NIGHT-STAND

NACKTE TATSACHEN

Natalia (29), Studentin, Berlin,
über
Ali (25), Student, Berlin

Ich liebe Sex. Onlinedating ist einfach toll. Dort kann man sich, wenn man denn will, ganz unkompliziert und ohne großes Tamtam zu gutem Sex verabreden. Oder versehentlich zu schlechtem. Oder einfach nur zu viel Sex. Wie auch immer, ich bin offen für alles und stehe dazu.

Im Sommer 2012 hatte ich besonders große Lust darauf, neue Erfahrungen zu sammeln. Es lag bestimmt daran, dass ich mich in einer lernintensiven Studienzeit befunden habe und ich diesen Stress gern mit Sex kompensiere.

Ali schickte mir auf einer Flirtplattform von Anfang an sehr eindeutige Mails, die keinen Zweifel an seinen Absichten ließen. Und das gefiel mir, denn ich bin keine Frau, die erst mal zum Essen ausgeführt werden möchte oder eine ewige Kennenlernphase benötigt. Mir ist es am liebsten, wenn er nicht ganz so viel von mir weiß.

Er muss mir einfach sympathisch sein und der erste Offline-Eindruck zählt mehr als tausend Mails. Wenn der erste Eindruck positiv ausfällt, bin ich für fast alles offen.

Alis Foto gefiel mir gut, ich mochte sein südländisches Aussehen. Doch irgendwie hatte ich zu diesem Zeitpunkt noch keine Lust, mit ihm ein Treffen auszumachen.

Bis zu einem Gespräch mit meiner Freundin wenige Tage später in einer Bar. Sie fragte mich, nachdem ich ihr sein Foto gezeigt hatte, worauf ich denn überhaupt warten würde. Das war eine gute Frage, ich wusste es nicht. Wie der Zufall es so wollte, schickte er mir genau in diesem Moment eine Mail: *Ich habe heute so richtig große Lust auf dich …*

Ich guckte meine Freundin an, als ich ihr die Mail zum Lesen gab, und sie kommentierte sie mit einem deutlichen: »Zufälle gibt es nicht!«

Doch was ich meiner Freundin noch nicht erzählt hatte, war, dass ich für diesen Abend schon Dates hatte. Wie sollte ich ihn da noch dazwischenquetschen?, fragte ich mich. Also schrieb ich ihm zurück: *Lust hätte ich! Nur leider nicht viel Zeit.*

Ali schrieb eine Minuter später zurück: *Ich bin später beim Sport und könnte auch nur für maximal eine Stunde. Und die hast du doch sicher übrig, oder, Süße?*

Ich schrieb daraufhin: *Nur, wenn du es zu 20 Uhr schaffst. Sonst leider nicht …*

Ali: *Okay, so machen wir es. Hast du Lust auf was Verrücktes?* Ich schaute meine Freundin an. Sie zuckte nur mit den Schultern.

Ich: *Was schwebt dir vor?*

Ali: *Wenn ich in deine Wohnung komme, wartest du in der Küche auf mich. Ich komme dann nackt dazu.* Ich hielt die Luft an, als ich das las. Ich gab meiner Freundin das Handy und bestellte mir einen Red Bull mit Wodka. Einen doppelten.

Ich schrieb »Abgemacht« zurück und mein Bauch kribbelte vor Aufregung. Ich ging – nachdem ich meiner Freundin versprochen hatte, sie sofort anzurufen, wenn er weg war – nach Hause und sprang unter die Dusche. Das würde ein Abend werden, den ich so schnell nicht vergessen würde, dessen war ich mir sicher.

Wenige Stunden später saß ich in meiner Küche und war aufgeregt. Ich hatte mir in der Zwischenzeit noch einige Drinks genehmigt, damit ich für diesen Abend gewappnet war. Ich trug einen Rock, High Heels – darauf steht er, hatte er mir verraten – und einen extra tiefen Ausschnitt. Das ist das höchste der Gefühle, dachte ich mir. Hoffentlich erwartet er nicht, dass ich nackig auf meinem Küchentisch bereitliege. Das wäre dann doch etwas zu viel verlangt, so viel Alkohol hatte ich nicht im Haus, um so etwas zu tun.

Es klingelte. Pünktlich. Ich sprang auf und machte ihm mit einem Summen unten die Tür auf. Die Wohnungstür lehnte ich an und ging zurück in die Küche, die direkt als erster Raum vom Flur abging. Dann betrat jemand den Flur. Ich zitterte vor Aufregung. Es konnte alles passieren, meine Mutter könnte plötzlich in der Tür stehen, Ali könnte in Wirklichkeit Manfred heißen und wolfsähnlich behaart sein. Oder aber Ali könnte mein persönlicher Sexgott auf zwei Beinen sein.

Die Spannung zerriss mich förmlich, als ich hörte, dass jemand eine Gürtelschnalle öffnete. Die Variante mit meiner Mutter fiel damit aus.

Dann kam er um die Ecke. Ali. Genauso, wie ihn seine Bilder im Internet versprochen hatten. Nur mit weniger Kleidung. Gar keiner. Wirklich kein einziger Fetzen. Ich starrte ihn an und dachte: Was für eine geile Sau. Ich muss ausgesehen haben wie ein Tourist vor dem Brandenburger Tor. Ich wusste nicht, wohin ich zuerst gucken sollte. Nachdem ich mir seinen Körper mit allen Details genau angesehen hatte, schaute ich ihm in die Augen. Er grinste mich an und schien erleichtert, dass ich glücklich aussah. Er kam auf mich zu und küsste mich. Ohne ein einziges Wort zu verlieren. Der Moment hatte so viel Sex-Appeal, dass ich es kaum aushielt vor Erregung. Also gingen wir ohne Umwege direkt nach nebenan ins Schlafzimmer und hatten hemmungslosen Sex.

Zwei Stunden später, als er geduscht hatte und gegangen war, schrieb er mir eine Mail: *Du warst der Hammer. Und ich danke dir, dass du so mutig warst und Sachen gemacht hast, die sich noch keine Frau bei mir getraut hat. Und es war: WOW.*

Ich wurde rot bei diesem tollen Kompliment.

Ali war keine halbe Stunde aus der Wohnung raus, da stand ich – ebenfalls geduscht und wieder zurechtgemacht – an der Wohnungstür und begrüßte mein eigentliches Date des Abends: Jens. Jens war Fitnesstrainer, von oben bis unten tätowiert und ich war seit einigen Wochen mit ihm in Mailkontakt. Er sah toll aus, völlig gegensätzlich zu Ali zuvor.

Wir hatten Sex. Guten Sex. Richtig guten. Jens war ein Sexgott. Er dachte keine einzige Minute an sich, mein Körper und meine Befriedigung standen im Vordergrund. Seine Hände fühlte ich überall auf meinem Körper, er ließ keinen Zentimeter aus. Unsere Lust kannte keine Grenzen, unsere Lautstärke auch nicht. Ich hätte wetten können, dass sogar meine Nachbarin eine Zigarette danach rauchte.

Was für ein Abend, dachte ich mir, als ich ihn an der Tür verabschiedete.

Wenig später klingelte meine Langzeitaffäre an der Tür. Stefan war genau das, was mir an diesem Abend noch gefehlt hatte. 21 Zentimeter Spaß pur. Stürmischer, wilder Spaß. Yes.

Nachdem er gegangen war, lag ich völlig zersext allein auf der Couch und war einfach nur glücklich. Ich fühlte mich verrucht, begehrt und versaut. Sexy. Unanständig.

Sollte jede Frau mal erlebt haben, dachte ich mir. Und ich wette: Viele Frauen würden gern ein einziges Mal im Leben so einen Abend haben, wenn sie mit Sicherheit wüssten, dass es niemals jemand erfahren würde. Oder etwa nicht, Ladys?

Nur die Vorurteile unserer Gesellschaft sagen, dass drei Männer an einem Abend zu haben »unanständig« ist. Und sind wir mal ehrlich, das ist es auch. Aber mir ist »unanständig« lieber, als immer nur zu aller Zufriedenheit zu sein.

Ja, ich liebe Sex. Und das ist auch gut so!

DER 29. ONE-NIGHT-STAND

DA IST DOCH EINER ...

Franzi (24), Kundenberaterin, Berlin,
über
Paul (28), Feuerwehrmann, Berlin

Acht Jahre ist es her, dass ich Paul auf der Abschlussfeier meiner Schule zum ersten Mal gesehen hatte. Er begleitete einen Klassenkameraden von mir und ich fand ihn damals schon richtig heiß. Doch mit 16 Jahren traute ich mich noch nicht, die Initiative zu ergreifen und ihn anzuflirten.

Diese Möglichkeit ergab sich glücklicherweise drei Jahre später, als ich ihn in Berlin auf einer »Fuck me now & love me later«-Party sah. Ich stellte mich – aufgeregt wie auf der besagten Schulfeier Jahre zuvor – mit einem Cocktail in seine Nähe und versuchte alles Mögliche, um ihn auf mich aufmerksam zu machen. Doch leider schaute er mich genauso uninteressiert an wie die anderen zahllosen Mädels, die ebenfalls vergeblich seinen Blickkontakt suchten. Zu meiner Enttäuschung musste ich mir eingestehen: Er erkennt mich nicht wieder.

Er ging mir in den Wochen darauf nicht aus dem Kopf und ich wollte die Hoffnung nach einem Date nicht aufgeben. Also suchte ich ihn mittels Facebook über meinen ehemaligen Klassenkameraden. Mit Erfolg.

Er nahm meine Freundschaftsanfrage sofort an und er konnte sich an mich erinnern, jedoch nur von der Schulfeier.

Auf die »Fuck me now & love me later«-Party angesprochen, erzählte er mir, dass er an diesem Abend nicht nur mich, sondern niemanden erkennen konnte. Er hatte seine Brille zu Hause vergessen und sah jeden um sich herum nur als einen menschlichen Klops ohne genaue Konturen.

Ich war so erleichtert darüber, dass ich ihn ohne zu zögern auf ein Date ansprach. Er sagte zu und wir verabredeten uns.

Es war ein herrlicher Sommertag. Wir trafen uns schon am frühen Abend am Berliner Stadtrand und gingen am Wasser spazieren. Ich fand ihn einfach toll, und das sogar noch, als er den Mund aufgemacht hatte.

Die Typen bis zu diesem Zeitpunkt in meinem Leben besaßen nur eine der beiden Eigenschaften: entweder gutes Aussehen oder

Intelligenz. Beides zusammen war so oft anzutreffen wie George Clooney in meinem Hausflur.

Doch Paul deutete schnell an, dass er keine Freundin suchte. Nur der Spaß stand bei ihm im Vordergrund. Ich war zwar ein wenig traurig über diese Erkenntnis, aber die Aussicht auf einen One-Night-Stand mit ihm ließ meine Laune noch höher steigen. Innerlich sagte ich zu mir: Nimm mit, was du kriegen kannst. Irgendwann ist immer mal das erste Mal, auch für einen One-Night-Stand.

Ja, ich bin ein Beziehungsmensch und zum Sex gehört für mich Liebe. Doch da würde ich bei Paul mal eine Ausnahme machen.

Wir setzten uns auf einen Kinderspielplatz direkt am Wasser. Alles war abschüssig, der Spielplatz lag in einer Art Tal direkt am Wasser. Der Blick auf den See und die Wasserstraßen war fast ein wenig romantisch. Es war weit und breit keiner zu sehen, auch keine Kinder, denn es wurde inzwischen schon schummrig.

Er holte zu meiner Freude Bier und Zigaretten aus einer Tasche und wir machten es uns plaudernd auf einem Drehkarussell gemütlich. Ich fühlte mich wohl in seiner Nähe.

Es dauerte nicht lange, da flirteten wir miteinander. Und gerade als ich mich nach meinem Feuerzeug bücken wollte, zog er mich zu sich heran und küsste mich.

Mein Bauch kribbelte vor Aufregung und ich zeigte ihm deutlich, dass ich Lust auf mehr hatte. Das Karussell hatte in der Mitte eine Art großen Teller, auf den er mich setzte. Er vergrub seinen Kopf zwischen meinen Beinen. Zum Glück hatte ich an diesem Tag einen Rock gewählt, so war es für uns leichter. Ich legte meinen Kopf vor Genuss in den Nacken, da öffnete ich für einen kurzen Moment meine Augen. Doch schließen konnte ich sie dann nicht mehr. Ich sah eine Brücke, die mir vorher gar nicht aufgefallen war. Auf der Brücke hätte jeden Moment jemand entlangkommen können. Und da ich mit Paul nicht gesehen werden wollte, starrte ich ständig auf die Brücke, um zu checken, dass wir noch unter uns waren.

Pauls Qualitäten holten meine Libido schnell zurück auf den Plan und ich genoss weiterhin seine Liebkosungen. Dann stand er auf, keuchend vor Lust, und ich zog ihm seine Hose runter. Als er mich nahm, genossen wir beide den Moment. Doch die Brücke kehrte in mein Gedächtnis zurück. So entblößt, wie wir beide waren, wollte ich auf keinen Fall, dass uns jemand sehen konnte. Das Karussell drehte sich durch unsere Bewegungen langsam im Kreis. Immer, wenn wir wieder eine Runde gekreist waren, ging mein Kontrollblick sofort zur Brücke. In der Zwischenzeit genoss ich ihn.

Nach etwa zehn Minuten war die Dämmerung schon so weit fortgeschritten, dass ich nur noch Umrisse erkennen konnte. Ich sagte – schnell atmend vor Lust – zu Paul: »Da oben ist doch jemand. Oder?« Er hielt kurz inne, guckte mit mir zur Brücke und sagte dann: »Nee, ich sehe da nichts.«

Erleichtert machten wir weiter und wir wurden noch wilder als zuvor. Es machte Spaß mit ihm, Brücke hin oder her. Das Karussell drehte sich gleichmäßig und als ich kurz darauf die Augen öffnete, ging mein Blick in Richtung Wasser.

Und da stand, maximal fünf Meter weiter, eine Oma, ungefähr 70, mit ihrem Hund. Ich zuckte zusammen und sagte hastig zu Paul: »Scheiße, hör auf. Da steht jemand.«

»Was?«, sagte er und drehte seinen Kopf in die Richtung, in die ich sah. Wir hielten beide inne, unser Anblick muss denkbar merkwürdig gewesen sein. Zumal sich dieses Karussell weiterdrehte. Sie starrte uns an und wir sie. Plötzlich hob sie die rechte Hand und winkte uns zu. Was soll das denn jetzt?, fragte ich mich. Sollen wir vielleicht zurückwinken? Hat die was getrunken?

Winkend rief sie uns zu: »Ach, ist nicht so schlimm. Schönen Abend und macht weiter.«

Dann zog sie kurz an der Leine und ging weiter, als wenn sie gerade einen Nachbarn gegrüßt hätte. Paul und ich standen immer noch unverändert da. Na ja, bis auf eine wichtige Tatsache: Pauls pralle Bockwurst war beim Anblick der Dame zu einer rohen Schlabberwurst mutiert. Darüber war ich alles andere als traurig, denn meine Lust war mit dem Hund und der Oma Gassi gegangen.

Ungläubig, aber kichernd zogen wir uns wieder richtig an und gingen zusammen zu seinem Auto.

Wir fuhren an diesem Abend noch zur »Fuck me now & love me later«-Party, die wieder einmal in Berlin stattfand. Den Sex holten wir an diesem Tag nicht mehr nach, aber am Tag danach. Und an dem Tag danach. Und danach auch.

Was als One-Night-Stand begann, wurde eine sechsjährige, glückliche Beziehung. So kann es gehen. Zum Glück.

YONI-MEISTER

Michaela (38), Steuerfachangestellte, Düsseldorf,
über
Johannes (40), Tantrameister, Düsseldorf

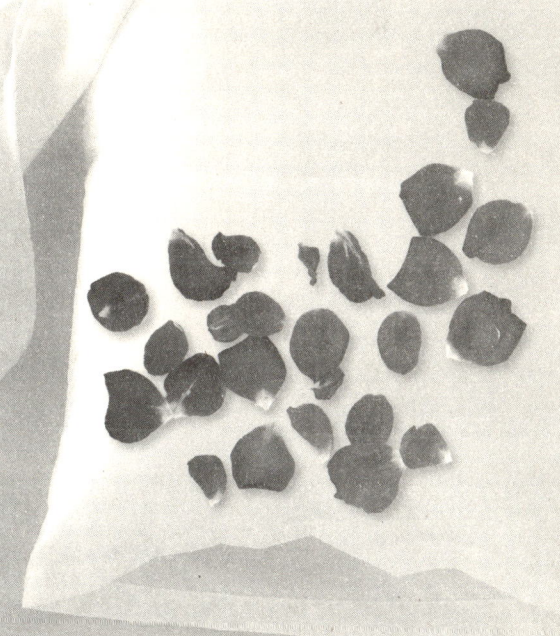

Mein Mann und ich sind schon seit fast 20 Jahren zusammen. Jeder, der so lange in einer festen Partnerschaft ist, weiß, dass das Sexualleben irgendwann nicht mehr im Mittelpunkt des Schlafzimmers steht. Wenn ein Paar an diesem Punkt angekommen ist, gibt es drei Möglichkeiten. Erstens: die Trennung, um an den Wochenenden (wenn man nicht gerade die Kinder hat) auf den Ü30-Partys Ausschau nach den anderen »Resten« zu halten. Meistens gibt man nach zahlreichen Versuchen auf und fährt frustriert allein nach Hause.

Zweitens: Fremdgehen, um sich immer und immer mehr in Lügen zu verstricken und davon im besten Fall nur einen Burn-out zu bekommen. Nicht umsonst ist das momentan bei den Volkskrankheiten unter den Top drei.

Drittens, und wahrscheinlich der schwierigste Weg: miteinander darüber reden. Die Situation erkennen und zusammen etwas gegen die Schlafzimmermüdigkeit tun.

In unserem Fall hatten wir uns für Punkt drei entschieden und sind nach vielen Gesprächen bei Rotwein, Käse und Trauben zu dem Entschluss gekommen, dass wir unserem Sexualleben intensive Zeit einräumen sollten. Gezielte Tage, an denen wir die Kinder bei Oma und Opa lassen, um uns nur mit uns und der schönsten Nebensache der Welt zu beschäftigen.

Das war 2007 gewesen. Unser Plan in den Jahren danach war aufgegangen. Wir hatten tollen Sex – wenn auch nicht ganz so häufig wie in den ersten paar Monaten unserer Beziehung, aber wir hatten wieder Lust aufeinander.

Silvester 2010 auf 2011 wollten wir in unserem Lieblingsswinger verbringen. Wir hatten unsere beiden Kinder bei Freunden untergebracht. Somit hatten wir freie Bahn für ein sinnliches Silvester. Wie sinnlich es werden würde, hätte ich nicht ahnen können.

Partnertausch war in den ganzen Jahren kein Thema zwischen uns gewesen. Doch in den Tagen vor der Silvesterparty hatten wir uns vermehrt darüber unterhalten, ob es eine Bereicherung für uns sein könnte. Wir hatten bei unseren zahlreichen Besuchen in den verschiedensten Clubs einige sehr glückliche Paare getroffen, die Partnertausch regelmäßig praktizierten und davon schwärmten. Wir beschlossen, es einmal auszuprobieren, wenn sich die Gelegenheit bieten würde.

Was ich komisch fand, war, dass ich bei dem Gedanken daran keine Eifersucht empfand. Meinen Mann mit einer anderen Frau zu sehen wäre unter diesen Umständen kein Grund, Schnappatmung zu bekommen, entgegen meiner sonstigen Einstellung. Ihm schien es genauso zu gehen. Theoretisch jedenfalls. Spannend wäre, ob es in der Realität auch so sein würde.

*

Um 21 Uhr kamen wir im Club an. Alles war aufwendig geschmückt, es duftete nach Kerzen und Cocktails. Es tummelten sich alle um das aufwendige Buffet. Der Club war um einiges voller, als es sonst der Fall gewesen war. Und was mein Auge schnell erspähte: lauter hübsche Leute.

Nachdem wir gegessen, die Saunalandschaft genossen und einige Drinks gehabt hatten, war auch schon Neujahr. Nach einem tollen Feuerwerk kamen wir durchgefroren wieder in den großen Gemeinschaftsraum zurück. An einem Tisch saß ein Paar, das mir bislang noch gar nicht aufgefallen war.

Sie war zierlich, hatte kurze dunkle Haare und ein sehr hübsches, freundliches Gesicht.

Er war genau ihr männliches Gegenstück. Sie wirkten beide sehr offen und ausgeglichen auf mich. Mein Mann und ich schienen beide die gleichen Gedanken gehabt zu haben, denn er steuerte mit unserem Mitternachtschampagner in der Hand den Tisch der beiden an. Wir setzten uns auf die beiden freien Stühle neben ihnen und kamen sofort ins Gespräch. Das ist das Tolle an Swingerclubs, alles ist so unverkrampft.

Ich bemerkte schnell, dass er mit mir flirtete. Ich fühlte mich so begehrt wie schon lange nicht mehr. Auch mein Mann schien die Blicke der hübschen Frau zu genießen und ich hatte tatsächlich keine Probleme damit.

Johannes und Mira waren kein richtiges Paar, sondern sie hatten so etwas wie eine Langzeitaffäre. Sie fragten uns, welche Erfahrungen wir schon gesammelt hätten und ehe ich mich versah, sprachen wir locker und offen über Sex, Orgasmen und – wie es der Zufall so wollte – Partnertausch.

Mein Mann fragte mich mit einem angedeuteten Blick, was ich davon halten würde, es mit den beiden mal auszuprobieren. Mein Mundwinkel hob sich zustimmend und wir hatten alle Fragen ohne lange Umwege geklärt.

»Sehen wir uns in zwei Stunden auf einen Drink wieder?«, fragte Johannes Mira und meinen Mann. Bei seinen Worten begann es in meinem Bauch zu kribbeln und meine Lenden wurde ganz heiß von dem Blut, das ihn durchströmte.

Mein Mann antwortete: »Okay. In etwa zwei Stunden wieder hier.« Er gab mir einen Kuss und ging mit Mira davon. Johannes nahm meine Hand und wir standen ebenfalls auf. Mein Mund wurde ganz trocken vor Aufregung.

Ich war seit Ewigkeiten mit keinem anderen Mann mehr intim gewesen als mit meinem eigenen.

»Möchtest du, dass wir lieber ungestört sind?«, fragte Johannes mich ruhig. »Ja, ich denke für den Anfang wäre ich nicht bereit für große Spielwiesen.« Es klang viel entspannter aus meinem Mund, als es sich in meinem Kopf anfühlte. Wir gingen die Treppe hinauf ins Dachgeschoss des Clubs. Johannes nahm wieder meine Hand und schenkte mir ein beruhigendes, atemberaubend schönes Lächeln.

Meine Aufregung schlug in höchste Spannung um. Wir betraten einen Raum, der mir bis dahin noch gar nicht aufgefallen war. Er war in Rot gehalten, der Boden war komplett mit Matratzen ausgelegt und Kissen, überall kuschelige Kissen. Eine schöne Spielwiese für maximal vier, je nach »Knäuel« auch fünf oder sechs Leute. Zu meiner Erleichterung war das Zimmer leer, außer uns war keiner da. Was ich auch noch nicht gesehen hatte, war, dass die Tür abschließbar war. In einem Swingerclub ist so ein Zimmer eher selten. Mich beruhigte der Gedanke, dass nicht innerhalb von wenigen Minuten drei, vier oder noch mehr Augenpaare auf uns gerichtet sein würden.

»Ich habe das noch nie gemacht«, gestand ich ihm leise. »Ich weiß«, sagte er lächelnd. »Dein Mann hatte vorhin so etwas angedeutet. Ich übrigens in so einem Club auch noch nicht.« Das erleichterte mich. Obwohl ich hätte wetten können, dass er routiniert darin war. Er wirkte so selbstsicher, beruhigend und trotzdem sexy auf mich. Eine Mischung, die mir bis dahin noch nie über den Weg gelaufen war.

Ich setzte mich auf das überdimensional große Bodenbett und Johannes schloss die Tür. Er kniete sich vor mich und nahm meine Hände. »Schließ die Augen und atme tief durch.« Ich tat, was er sagte. »Vertrau mir«, flüsterte er. Obwohl er ein völlig Unbekannter für mich war und ich von ihm nicht mehr als den Namen wusste, fühlte ich mich wohl in seiner Nähe. Seine Hände waren zart, seine Berührungen beruhigten mich. »Lass die Augen einfach zu«, sagte er.

Ich gab mich ihm und der Situation einfach hin.

Wenig später lag ich auf dem Rücken und wir hatte keine Kleidung mehr an. Sexuelle Spannung lag in der Luft, unser Atem ging schneller. Er massierte mich. Männer massieren gern, damit sie eine Frau schnell ins Bett bekommen, das hatte ich schon oft gehört.

Doch er massierte mich anders. Intensiver. Seine Hände hatten meinen ganzen Körper erkundet, ausgenommen meine sensibelsten Stellen. Unter seinen Händen floss ich dahin. Wenn das sein Plan gewesen war, war er zu 100 Prozent aufgegangen. Er hätte alles mit mir machen können, ich wäre bereit dazu gewesen. Ein seltsames Gefühl des Verlangens stieg in mir auf. Kein wildes Verlangen, wie ich es oft bei meinem Mann empfinde. Es war vielmehr ein bittendes Verlangen nach mehr. Mehr Intimität. Mehr Berührung. Mehr von ihm.

Als wenn er meine Gedanken lesen konnte, glitt seine rechte Hand zu meinem Venushügel und hielt inne. Ich zog scharf die Luft ein und genoss den Moment, wohl wissend, dass er mich gleich weiter verwöhnen würde.

Als ich mit Johannes in den großen Gemeinschaftsraum zurückkam, saßen mein Mann und Mira schon am Tisch und unterhielten sich angeregt. Ich müsste eigentlich nervös sein, dachte ich mir, doch die atemberaubend schönen und sinnlichen Erfahrungen der vergangenen Stunden ließen mich alles ganz entspannt empfinden. Nachdem er mich und meinen Intimbereich auf eine intensive und sinnliche Reise mitgenommen hatte, hatte ich mich bei ihm mit all meinem Können und meinen Erfahrungen revanchiert.

Wir verabschiedeten uns nach einem längeren Plausch von den beiden und mein Mann und ich machten uns auf den Heimweg. Erst im Auto sprach er mich auf mein Abenteuer mit Johannes an.

»Möchtest du mir erzählen, wie es war?«

»Intensiv und aufregend. Ganz anders, als ich es erwartet hatte. Und bei dir und Mira?«

»Es war eine tolle Erfahrung. Danke, dass ich sie sammeln durfte.« Er nahm meine Hand und drückte sie liebevoll. Ich fühlte mich ihm in diesem Moment sehr nahe. Das alles war Neuland und ich spürte wirklich keinerlei Eifersucht.

»Ich muss mich auch bei dir bedanken. Ich habe ganz andere Seiten an mir kennengelernt.«

»Kein Wunder bei einem Tantramasseur«, sagte mein Mann ruhig und wusste anscheinend mehr als ich.

»Tantra was?«

»Ja, er ist Masseur. Tantramasseur. Mira hat ihn mal bei einer Session kennengelernt und seitdem sehen sie sich regelmäßig.«

»Oh, wow. Das erklärt einiges.«

»Ich dachte, er hätte es dir erzählt?«

»Nein, hat er nicht. Aber ich war ziemlich erstaunt, welche ungewöhnlichen Griffe er bei mir anwendete. Und er sagte ständig etwas von meiner Yoni.«

»Diese Griffe musst du mir mal beschreiben. Das würde ich auch gern ausprobieren.« Ich konnte sein Lächeln spüren, auch wenn ich auf die Straße sah. Die Stimme meines Mannes klang zufrieden.

Die Wochen danach beschäftigten wir uns ausgiebig mit dem Thema Tantra und Partnermassagen. Wir kauften uns ein Buch und eine DVD darüber, nahmen uns des Öfteren abends Zeit, zündeten Kerzen an und machten es uns mit Massageöl und einer Decke im Wohnzimmer gemütlich. Wir entdeckten ganz neue Seiten der Sexualität und hatten die intensivste Zeit unserer Ehe. Das alles hatten wir einem toleranten, offenen und vertrauensvollen Silvester zu verdanken.

Als wir mal wieder entspannt und glücklich im Wohnzimmer lagen, dachte ich daran, wie glücklich ich bin.

Ich war in diesem Moment nicht auf einer Ü30-Party und wimmelte notgeile Mittfünfziger ab. Und ich war nicht in ein Lügenkarussell verstrickt. Nein, ich lag erschöpft von einem gigantischen Orgasmus auf dem Boden meines Wohnzimmers und schaute in die glücklichen Augen meines entspannten Mannes. Ich fühlte mich ihm näher als je zuvor.

Intime Zeit zu zweit ist Gold wert, auch noch nach 20 Jahren!

DOPPELTES VERGNÜGEN: TEIL II

Julia (23), Azubi, Berlin,
über
Richard (27), Sachbearbeiter, Müncheberg,
und Marcus (27), Student, Müncheberg

Cybersex. Ich bin bisher gut ohne durchs Leben gekommen und finde Solo-Sex via Webcam sinnlos. Doch meine neuste Bekanntschaft Richard ließ nicht locker und wollte mich unbedingt vom Gegenteil überzeugen.

Ich hatte Richard über meinen Ex kennengelernt. Er hatte sich auf einer bekannten Internetplattform gemeldet, als überall bekannt wurde, dass wir uns getrennt hatten.

Der Weg war frei, hatte er in einer seiner Mails geschrieben. Trotz seiner etwas zu direkten Art würde ihn kaum eine Frau von der Bettkante, bzw. dem Bildschirm, stoßen, so attraktiv wie er war. Braun gebrannt, trainiert, gut aussehend und gepflegt, viele Mädels stehen auf so einen Typen. Inklusive mir.

Einige Tage lang ließ ich mich nicht auf ein »Sexdate« am Computer ein. Doch irgendwann hatte er mich mit seinem »Du wirst es lieben« und »Wir hören auf, wenn es dir nicht gefällt« weich geklopft und ich ließ mich darauf ein.

Am Tag darauf saß ich in Unterwäsche vor meinem Rechner und konnte nicht so ganz glauben, dass ich das wirklich tat. Meine Eltern hätten jederzeit ins Zimmer kommen können und diesen Anblick wollte ich uns allen lieber ersparen. Ich wollte mich beeilen und schnell feststellen, dass Zugucken und Zuguckenlassen einfach nicht mein Ding sind.

Wir kamen schnell zur Sache und schon das unwohle Gefühl, mich vor der Webcam auszuziehen, ließ mich nicht los. Ich spielte meine Lust wie bei dem klassischen Orgasmusfake vor und schnell hatte er sich auf seine Tastatur (im Ernst!) ergossen. Wie er das wohl wieder aus den Ritzen herausbekam?

Nichtsdestotrotz gefiel mir, was ich da auf meinem Bildschirm sah. Offline wollte ich es gern auf einen zweiten Versuch ankommen lassen. Immerhin schuldete er mir einen Orgasmus.

Am gleichen Abend bekam ich auf der besagten Internetplattform eine Mail von einem Typen, den ich bis dato noch nicht kannte. Er schrieb, dass er gerade ein Foto von mir auf einem

Handy gesehen hatte und er mich süß fand. Ich war schockiert, nur Richard hatte ich ein Foto von mir geschickt und er musste es diesem Marcus gezeigt haben. Eine Standpauke später war mein Groll verflogen und ich korrespondierte ein wenig mit dem charmanten Marcus.

Einige Tage später schlug Marcus vor, einen DVD-Abend bei Richard zu machen. Ich fragte mich natürlich sofort, ob die beiden sich womöglich abgesprochen hatten und mich zu einem Dreier verführen wollten. Doch entgegen meiner Natur fand ich diese Idee gar nicht so übel. Ich bekam Bauchkribbeln vor Aufregung und rasierte mir jedes verdammte Haar unterhalb meines Halses weg.

Am Abend saß ich auf der Couch, Marcus zu meiner Linken und Richard zu meiner Rechten. Wir guckten uns *Paranormal Activity* an und ich fühlte mich sexuell begehrt wie früher zwischen meinen furzenden Brüdern.

Marcus war ganz niedlich, nicht ganz so attraktiv wie Richard, eher so der Durchschnittstyp. Aber durchaus sexy, vor allem, weil er Humor hatte.

Humor ist eine Eigenschaft, die, wie ich finde, aus einem unspektakulären Typen einen absolut begehrenswerten Mann machen kann. Marcus war so einer.

Bei Richard war es besser, dass er einfach nur gut aussah und nicht viel sagte. Wie schon erwähnt, trug er auch an diesem Tag die Ehrlichkeit ein wenig zu sehr auf der Zunge. Ein Beispiel dafür, wie aus einem vermeintlichen Sexgott ein Al Bundy wird.

Als im Film alle von einem Geist umgebracht worden waren und der Abspann lief, sprang Marcus auf und wollte nach Hause gehen. War das wirklich schon alles?, fragte ich mich. Bin ich denn hier die Einzige, die ihre Libido mitgebracht hat?

Als Marcus sich verabschiedete, blitzte für einen Moment so etwas wie Flirtstimmung und Verlangen in seinen Augen auf. Ich konnte das nicht so recht deuten, denn er war gerade auf dem Weg zur Tür, wir hätten darauf nicht mehr aufbauen können.

Als er weg war, schaltete Richard von Fernseheule auf Casanova um. Um es kurz zu machen: Wir landeten auf der Couch, er zog seine Hose aus und steckte mir seinen Penis mit den Worten »Komm, du willst es doch auch« in den Mund. Als er gekommen war – im Gegensatz zu mir … schon wieder! –, stand er auf, zog sich die Hose hoch und sagte: »Boah, ist das schon spät. Ich muss morgen früh raus.« Na toll, dachte ich, da hätte er auch gleich meine Schuhe und Jacke aus dem Fenster werfen und mir die Wohnungstür vor der Nase zuknallen können.

Wenig später stand ich noch völlig verwirrt von der Richard-Show vor der Tür und musste mich innerlich erst mal sortieren.

Als ich mein Handy aus der Tasche zog, las ich eine Mail von Marcus: *Noch Bock rüberzukommen? Ich würde mich freuen …*

Da die beiden Nachbarn waren, hatte ich es nicht weit. Ein kleiner Plausch würde mir zum Abschluss des Abends besser bekommen, als verwirrt nach Hause zu fahren. Ich hatte mir im Hinblick auf diesen Abend meine kühnsten Sexfantasien ausgemalt. Doch alles, was ich bekam, waren mordende Geister und einen selbstverliebten Schönling mit Solo-Orgasmus-Drang.

Als ich bei Marcus klingelte, machte er mit einem Glas Wein in der Hand die Tür auf. Das gefiel mir. »Davon brauche ich auch einen, bitte.«

Er nickte nur und ließ mich mit einem Schmunzeln zu sich herein. Seine Wohnung war geschmackvoll eingerichtet. Im Gegensatz zu dem mit Spiegeln tapezierten Wohnzimmer von Richard fühlte ich mich bei Marcus sofort wohl. Warme Farben und viel Platz, der Mann hatte nicht nur Humor, sondern auch Geschmack, dachte ich mir. Er hatte eine Loungecouch und mit dem Glas Wein in der Hand überkam mich zum ersten Mal an diesem Abend ein behagliches Gefühl.

Mit Marcus konnte ich reden und reden, es entstand nie einer dieser fiesen stillen Momente, in denen man krampfhaft das Gespräch neu entfachen muss. Als wir gerade bei dem Thema Genuss waren, küsste er mich einfach. Und es war gut. Sogar mehr als das, es war sinnlich und leidenschaftlich.

An diesem Abend wurde ich für alles entschädigt, was ich bei Mr. Loverboy nicht bekommen hatte. Ganze drei Mal, bis in die Morgenstunden.

Manchmal muss man erst den buckligen, cybersexsüchtigen Nachbarn kennenlernen, um den Sexgott im Schafspelz zu finden. Was für eine Nacht! Halleluja!

ZARTE HÄRTE

Sandy (26), Bankkauffrau, Berlin,
über
Frank (circa 35), Beruf unbekannt, Berlin

Seit vielen Jahren begleiten Lisa und ich uns durch unser Leben. Wir sind das, was wir früher allerbeste Freundinnen genannt hätten und heute nur zu gschamig dafür sind. Wir beide haben so viel gemeinsam wie Arnold Schwarzenegger und mein Papa, nämlich nur das Geschlecht und das Alter. Aber genau diese Unterschiede sind es, die unsere besondere Freundschaft auszeichnen.

Sie ist schüchtern, ich tough. Na ja, meistens jedenfalls. Komischerweise immer dann, wenn sie in meiner Nähe ist. Ich korrigiere, sie machte mich tough.

Ich liebe One-Night-Stands, sie hasst sie. Ich habe zehn Vibratoren – für jede Stimmung einen –, sie hat keinen Einzigen. Ich liebe Hähnchen, sie ist Vegetarierin. Diese Liste könnte ich beliebig weiterführen. Und das ist auch gut so.

Doch eines Tages rief sie mich ganz aufgeregt an und erzählte mir, dass sie wegen diesem ganzen Hype um *Shades of Grey* einen Artikel für die Zeitschrift schreiben soll, bei der sie seit einiger Zeit arbeitete. Sie wolle dafür unbedingt auf eine SM-Party gehen. Das würde ihr helfen, die Stimmung dieser Szene zu verstehen und ihr Artikel würde besser ankommen. Das alles hatte sie innerhalb von drei Sekunden runtergerattert. Ich verstand nur Bahnhof und sagte blind zu, mit ihr auf solch eine Party zu gehen.

Am Abend darauf standen wir in engem Minirock im Eingang eines SM-Fetisch-Clubs im Berliner Zentrum. Davon gibt es in der Hauptstadt einige und es war nicht schwer gewesen, rasch eine Party dieser Art zu finden.

Ich fühlte mich unsicher, wollte mir das gegenüber Lisa aber nicht anmerken lassen. Sie riss ihre Augen weit auf und war anscheinend von den Outfits, die einige trugen, irritiert. Ich auch. Wir gingen zur Bar, setzten uns hin und wollten uns vorerst an das Umfeld und die Leute gewöhnen. Lisa schien mit ihren zwinkernden Augen Fotografien zu machen, von denen sie für ihren Artikel zehren konnte.

Vor uns sahen wir einen attraktiven Mann, der eine junge Frau an einer Leine hinter sich herzog. Eine andere hatte ein enges

Latexkleid an, welches ihr keine Luft zum Atmen ließ. Die nächste trug Schuhe, die unmöglich zu bändigen waren. Der nächste Kerl hatte die Genitalien einer Frau auf den Bauch tätowiert.

»Ich könnte den ganzen Abend hier sitzen und alles beobachten«, sagte Lisa staunend. »Bin dabei«, mehr fiel mir nicht ein. Mir fehlten die Worte für all das, was ich sah. In den Clubs, die ich ab und an besuche, bin ich schon mit einem Leopardenrock auffällig gekleidet. Hier wäre ich damit underdressed und für die Jagd freigegeben, dachte ich mir.

Nach einer gefühlten Ewigkeit schlenderten wir durch den verwinkelten Club. Dann standen wir in einem Raum, der dunkel war, bis auf neonfarbene Bilder an der Wand. Und in einer Ecke stand er. Dunkle Haut, kurze Haare, muskulös, Oberkörper frei und mit vielen Tattoos. Doch was mich am meisten in seinen Bann zog, waren seine Augen. Blaue Augen so hell wie das Wasser der Südsee. Ich drohte in ihnen zu ertrinken, so sehr hielt er mich mit seinen eisblauen Augen gefangen. »Hey«, sagte Lisa zu mir und zog an meiner Hand. Sie wollte schon längst weitergehen und ich stand wie angewurzelt da und hielt dem Blick des Eismannes stand. Doch Sekunden später gab es einen Ruck, Lisa hatte mich an der Hand weitergezogen.

Wieder an der Bar, bestellte ich mir einen Wodka. Den brauchte ich auch. Seine Augen ließen mich einfach nicht los. Gerade als ich wieder zu Atem gekommen war, sah ich erneut in diese Augen. Er lehnte so nah neben mir am Tresen, dass kein Eiswürfel zwischen uns Platz gehabt hätte. Lisa guckte mich fragend an. Ich ging zu ihr und flüsterte ihr ins Ohr: »Vielleicht kann ich dir Infos aus erster Hand besorgen. Ich mach mich mal an die Arbeit.« Ich klang viel selbstsicherer, als ich mich fühlte. Ich trat einen Schritt auf ihn zu und sagte: »Ich bin Sandy.« Die Andeutung eines Lächeln machte sich auf seinen Lippen breit. »Frank. Kommst du kurz mit?« Ich nickte nur und nahm seine Hand, die er mir hinhielt. »Ich bin zum ersten Mal in einem Club wie diesem«, sagte ich vorsichtshalber. Er nickte nur. Ich konnte die Situation überhaupt nicht einschätzen, fühlte mich aber trotzdem nicht überrumpelt. Ich wollte mehr über diesen Mann erfahren, so viel stand fest.

Er zog mich in einen abgelegenen Raum, der komplett dunkel war. Man konnte fast nichts erkennen. Es waren nicht viele Leute hier, die Musik war weit entfernt. Mein Schritt reagierte sofort mit Aufregungsfeuchte, obwohl ich es gar nicht wollte. Ich hatte erst zwei Worte mit ihm gesprochen. Würde er mir hier etwas antun, könnte ich mich noch nicht einmal beschweren, ich war ihm aus eigenen Stücken blind gefolgt.

»Du bist sehr sexy«, flüsterte er mir ins Ohr. Ich hörte ihn direkt vor mir, konnte ihn aber nicht an mir spüren. Erst einen Moment später drückte er sich gegen mich. Er war so schwer, dass ich einen Schritt zurückgehen musste. Gleich hinter mir war die Wand. Er drückte mich mit seinem Körper dagegen und fragte mich, ob es mir mit ihm genauso ginge. Die selbstsichere Sandy in mir antwortete prompt: »Und wie!« Er presste seine Lippen auf meine, seine Zunge war forsch. Er hielt mit einer Hand mein Kinn fest, ich konnte aus dieser Situation nicht weg. Sein Bauch gegen meine Brust gepresst, konnte ich mich nicht rühren. Ein lustvolles Brummen kam aus seiner Kehle.

Jetzt fühlte ich mich doch überrumpelt. Das ging alles ganz schön schnell. Geil schnell irgendwie. »Gefällt dir das?«, fragte er, ohne seine Lippen von meinem Mund zu nehmen. Ich raunte nur ein »Hmmmm«, was er richtig als ein Ja deutete. Er hielt weiter mein Kinn fest und seine Hand ging mit festem Druck meinen Rücken entlang bis runter zu meinem Po. Er hielt inne und ich konnte kaum fassen, wie sehr mich diese Situation anturnte. Ich war einem Mann noch nie so schnell so nahe gekommen.

Seine Zunge beherrschte meinen Mund und seine Hand meinen Po. Er glitt weiter hinab, er musste sich ein wenig runterbeugen. Dann fuhr er mit seiner Hand tiefer, in meinen Slip hinein, mit dem Mittelfinger in meiner Poritze. Dann hielt er wieder inne. Er wartete meine Reaktion ab. Ich hatte noch nie zuvor einen Mann erlebt, der meine Körpersprache abwartete. Mein Atem ging schneller und ich konnte kaum fassen, welche eindeutigen Signale von meinem Körper kamen. Sollte ich ihn auch anfassen?, fragte ich mich. Ich wusste nicht, was ich tun sollte.

Ich behielt meine Hand lieber an seinem Bizeps, sodass ich ihm sofort ein Zeichen geben konnte, wenn er etwas tat, was ich nicht wollte. Doch in diesem Moment war nur daran zu denken, was ich wollte. Ich wollte von ihm angefasst werden. Da angefasst. Und als wenn er das gehört hätte, was ich dachte, tat er es auch. Er griff von hinten so tief in meinen Slip, dass er seinen Mittelfinger in mich steckte. Einfach so. Seine Lippen lagen still auf meinen, sein Atem ging wie meiner schnell.

»Steck deine Hand vorn in den Slip und massiere deine Perle«, sagte er. Meine Knie zitterten, als ich das hörte. Als ich mit meiner Hand vorn in meinen Slip rutschte, bewegte er langsam seinen Finger in mir vor und zurück. Es fühlte sich toll an. Nach wie vor hielt er mit der anderen Hand mein Kinn fest. »Das wollte ich vom ersten Moment an mit dir machen, als ich dich vorhin so unschuldig vor mir stehen sah«, sagte er und klang unglaublich sexy und dominant dabei. Als ich mit meinem Finger zu massieren begann, konnte ich kaum glauben, was ich da tat. Wenn Lisa das nur sehen könnte, dachte ich, könnte sie allein über diese verrückte Situation einen eigenen Artikel schreiben. Frank holte mich mit seinen Fingern ins Hier und Jetzt zurück. Ich spürte, wie sich alles in mir anspannte. Ich lehnte mich gegen seine Hand, streckte ihr meinen Unterleib entgegen. Es kribbelte überall …

Am Tag darauf saßen Lisa und ich beim Lunch. Als ich gestern feuerrot zu ihr an die Bar zurückgekommen war, war ich noch nicht in der Lage gewesen, es ihr zu erzählen. Dafür sprudelte es bei Salat und Bionade wie ein Brunnen aus mir heraus. Alles, bis ins kleinste Detail. Sie konnte kaum glauben, was ich in der einen Stunde, als ich weg war, erlebt hatte.

Ihr Artikel war der Hammer. Und die *Shades of Grey*-Bücher, die ich mir gleich nach dem Lunch gekauft hatte, haben sich mit den Gedanken an dieses Abenteuer hervorragend gelesen.

DER 33. ONE-NIGHT-STAND

HOCHZEITS-SUITE

Elena (39), Rechtsanwältin, Kempten,
über
Fabian (31), Musiker, Hamm/Paris

Meine Schwester und ich waren schon immer ein Herz und eine Seele, trotz – oder gerade weil – wir zehn Jahre Altersunterschied haben. Ich war immer ihr großes Vorbild und sie meine kleine Prinzessin. Daran hat sich bis heute nichts geändert. Nur dass sich heute unsere Lebensumstände um einiges von früher unterscheiden. Ich bin eine leidenschaftliche Rechtsanwältin, meine kleine Steffi führt einen trendigen und erfolgreichen Modeladen. Ich lebe seit einigen Jahren als betont glücklicher Single, sie hat nach langer und ausgiebiger Suche endlich ihren Mr. Right gefunden. Sie liebt es, Marathon zu laufen, ich sehe es als Sport an, den Mülleimerbeutel aus dem vierten Stock runtergebracht zu haben. Wir sind einfach das perfekte Beispiel: Gegensätze ziehen sich an.

Als ich ihren Freund kennenlernte, spürte ich sofort die tiefe Verbindung zwischen den beiden. Er war ein sympathischer Banker, sehr rücksichtsvoll, und hatte eine gesunde Portion Humor. Er gefiel mir für meine Schwester.

Als sie dann Weihnachten 2011 verkündeten, dass sie heiraten wollten, freute ich mich wahnsinnig für sie. Ich wusste, dass das Leben als Ehefrau ihr sehnlichster Wunsch war. Ebenfalls wieder einer unserer Gegensätze: Sie liebte den Gedanken an die Ehe und das Heiraten. Ich dagegen würde nicht mal den Antrag von einer der zahlreichen »Sexiest Man Alive«-Typen annehmen, so einengend finde ich den Gedanken an die Ehe. Doch gerade weil es nicht meine Hochzeit war, machte mir der ganze Trubel um die Vorbereitungen viel Spaß.

*

Juni 2012. Meine Schwester sah atemberaubend schön aus. Ihr Mann ebenso. Ich hatte mich in ein rotes Abendkleid geschwungen und alle anderen Gäste waren ebenfalls aufs Feinste rausgeputzt. Bis auf einen. Den Bruder des Bräutigams.

Fabian, so stellte er sich beiläufig vor, passte so gar nicht in das perfekt organisierte Bild dieser Traumhochzeit.

»Analphabet?«, fragte ich ihn mit spitzer Zunge, als er nach der Trauung neben mir stand. »Keineswegs. Warum?«, fragte er unbeeindruckt und achtete scheinbar genau darauf, meinen ersten Wortwechsel mit ihm nicht ganz so persönlich zu nehmen. »Dann kam die Einladung mit der Kleiderordnung nicht bei Ihnen an?«

»Doch.«

»Und? Koffer auf dem Weg hierher verloren?«

»Ich verkleide mich nicht! Das ist alles.« Das war mal eine Antwort gewesen, ganz nach meinem Geschmack. Die hätte so auch von mir kommen können, wenn ich mir solche Antworten nicht immer nur denken würde.

Dann drehte er sich um, zwinkerte mir flirtend zu und sagte: »Aber wenigstens habe ich keinen dunklen Fleck am Arsch.« Was? Fleck? Mein Herz blieb gefühlte drei Minuten lang stehen. Als ich mich wieder gefangen hatte, rannte ich regelrecht zur Toilette. Mein Spiegelbild verriet mir, was der BossHoss-Fan für Arme mit seiner Anspielung gemeint hatte: Ein dunkelbrauner Fleck genau auf meinem Po. Ich hatte mich anscheinend in Schokolade gesetzt.

Stimmt ja, fiel mir ein, der Stuhl, auf dem ich zuvor gesessen hatte, war vorher von einem Balg beschlagnahmt worden. Verdammte Gören.

Mist, dachte ich wütend, was soll ich denn jetzt nur machen? Ich kann doch nicht mit einem Fleck am Arsch wieder auf die Hochzeit meiner Schwester gehen und so tun, als würde ich nichts bemerkt haben. Auf dem Klo ausziehen und wegwaschen ging auch nicht, wir wollten uns wenige Minuten später auf den Weg zum Hotel machen, in dem die Feierlichkeiten stattfinden sollten. Also blieb mir nur eine letzte Möglichkeit: Augen zu und durch.

Ich ging zurück zu den anderen und steckte meiner Schwester unauffällig die Neuigkeit. Mehr als einen unterdrückten Lachkrampf und »Das gibt's ja nicht, dein Po stiehlt mir an meiner Hochzeit die Show, denk an diese Pippa« bekam ich auch von ihr nicht als Rat.

Ich solle mich doch nicht mit solchen Kleinigkeiten beschäftigen, sagte mein Vater auf die Frage nach einem Vorschlag, so was fällt eh keinem auf. Väter gucken auch nicht so oft den eigenen Töchtern auf den Hintern, dachte ich mir, aber ich verkniff mir diesen Wink. Fabian hätte ihn sicherlich rausgehauen. Er grinste mich immer wieder nur unverschämt an und schien Spaß an meinem Desaster zu haben.

Im Auto saß ich blöderweise neben diesem Fabian und wartete förmlich auf einen blöden Spruch. Auf den musste ich auch nicht lange warten. »Na, konnten Sie nicht an sich halten? Oder was ist der braune Fleck genau?«

Frechheit, dachte ich. »Mr. Big, haben Sie vielleicht einen Vorschlag, wie ich diesen schrecklichen Schokoladenfleck loswerden kann? Dann hätten Sie heute wenigstens einen Sinn auf dieser Feierlichkeit gehabt.«

»Erstens, natürlich habe ich eine Idee. Zweitens, mein Sinn besteht hauptsächlich darin, meinem Bruder ein wenig die Nervosität zu nehmen. Drittens …«

»… drittens wollten sie einen Schandfleck auf den Hochzeitsfotos verursachen?«

Er konnte sich ein Lachen nicht verkneifen und sagte dann: »Ich ignoriere diese Spitze mal. Sie möchten doch sicherlich wissen, wie Sie diesen Fleck loswerden, oder?«

»Jetzt sagen Sie mir nicht, ich soll großzügig die Schere ansetzen.«

»Der ist alt. So wie Sie gerade aussehen, vor Verzweiflung.«

»Immer noch besser, als Kleidung zu tragen, die nicht mehr zu retten ist.«

»Wollen Sie nun einen Tip oder nicht?« Sein Grinsen konnte er kaum noch in Grenzen halten.

»Wenn es wirklich einer ist, gern.« Ich schmunzelte ihn an und wollte dabei sexy aussehen.

»Sie gehen nach dem Essen in die Hochzeitssuite und bereiten das Zimmer romantisch vor, natürlich in Unterwäsche, nachdem Sie das Kleid gewaschen und aufgehängt haben.«

»Aber das Vorbereiten der Suite war doch Ihr Part gewesen. Das hatten wir beide per Mail besprochen.« Als ich das aussprach, ging mir ein Licht auf. Ich hatte ihm diesen Job in der Hochzeitsplanung einfach übergebügelt, ohne zu ahnen, dass er sicher keinen Sinn für Romantik hat.

»Ja, das haben wir. Und Sie haben Glück, dass ich das zugesagt habe. Wäre ich nüchtern gewesen, würden wir dieses Gespräch jetzt nicht führen.«

»Wäre doch schade«, sagte ich neckisch und erhob mich, weil der Bus am Hotel angekommen war.

»Erst essen, dann waschen«, sagte er so laut, dass ich es beim Aussteigen noch hören konnte. Und alle anderen auch. Wie peinlich. Nach dem Essen kam er zu mir und drückte mir ohne Kommentar eine Zimmerkarte in die Hand. Ich nickte ihm zu und musste ehrlich zugeben, dass seine Idee wirklich gut war. So konnte ich sicher sein, dass das Zimmer für meine Schwester und ihren Mann toll hergerichtet und ich nicht auf den Fotos mit braunem Fleck zu sehen war. Als ich wenig später in der Suite angekommen war, stand ich auch schon schrubbend im Badezimmer. Obwohl »Wellnesstempel« eine bessere Bezeichnung gewesen wäre. Ich stand in meinen weißen Dessous und Pumps da, hängte gerade das Kleid über die Heizung, da ging die Tür auf. Fabian. »Hey, ich habe nichts an«, schrie ich und versuchte, meinen Po hinter dem Vorhang zu verstecken. »Meinen Sie, ich habe noch nie einen Arsch gesehen?« – »Wahrscheinlich nur den pickligen von Ihrer ersten Freundin«, entgegnete ich und fühlte mich schlagfertig. »Sie bringen mich auf eine Idee. Ich sollte mal ein Lied über hübsche Ärsche an verklemmten Weibern schreiben.«

Was erlaubt der sich eigentlich?, fragte ich mich. Hatte er wirklich »hübscher Arsch« gesagt? Ich wurde rot.

»Viel Erfolg dabei. Dann haben wir das ja geklärt. Was wollen Sie?« Er hielt eine kleine Tube hoch und antwortete: »Reinigungsessenz. Für Ihr Kleid.«

Ich war baff. Er hatte sich tatsächlich um Seife gekümmert? Für mich?

»Danke!«, brachte ich erstaunt hervor.

Er kam näher, hielt mir die Tube hin, ließ sie jedoch nicht los. Er zog mich an ihr zu sich heran und hauchte: »Wir sollten jetzt das Zimmer hübsch machen. Ich schaue auch nicht hin. Versprochen ...« Er log. Und wie er log.

Das Ende der Dekoration war unausweichlich: Wir landeten im Bett. Ich konnte mich nicht wehren, er war einfach zu sexy, schlagfertig, ironisch, provokativ und gut aussehend.

Später verließen wir die mit Rosenblüten und Luftballons, Champagner und Erdbeeren aufgehübschte Suite. Ich mit einem sauberen Kleid, er mit einem Grinsen auf dem Gesicht. Ich mit der Lust, ihn näher kennenzulernen. Er mit den Worten: »Runde zwei nach dem Hochzeitswalzer. Diesmal draußen ...«

UND EINEN GIBT ES EXTRA ...

HENGST, UNVERGESSLICH

Anita (28), Bankkauffrau, Berlin,
über
Hengst (32), Einzelhandelskaufmann, Berlin

Im Sommer 2012 erreichte mich auf einer bekannten Sexplatt-form im Internet die Nachricht von Hengst-unvergesslich: *Hey Knackarsch … Was soll ich anderes fragen als das Erste, was ich auf Anhieb bei deinem Foto gedacht habe: Vögeln?*

Ich klickte natürlich gleich sein Profil an. Er hatte ein hübsches Foto beim Handstand am Strand als Profilfoto. Er sah gut aus und war ansehnlich trainiert. Die ersten Worte seiner Beschreibung waren: *Ich weiß, was Pussys wollen. Der Rest ist doch nicht wichtig hier, oder?*

Ich weiß nicht warum, aber irgendwie sprach mich seine direkte Art an. Schließlich befanden wir uns beide auf einer reinen Sex-seite. Ich las weiter.

Größe: 189 cm
Gewicht: 86 kg (sportlich)
Haarfarbe: blond
Augenfarbe: blau
Penislänge: 19 cm
Penisumfang: 6 cm
Intimbehaarung: rasiert
Vorlieben: Frauen die sich verwöhnen lassen wollen. Gern auch ältere Damen. Die ein oder andere Rundung stört auch nicht.

Mehr brauchte ich nicht zu wissen, ich wollte es versuchen. Ich hatte Monate keinen Sex mehr gehabt und wollte mich – nach meiner langjährigen Beziehung, die gescheitert war – so richtig austoben. Und das am liebsten mit 19 Zentimeter purem Spaß. Wenn ich schon auf einer Sexseite suche, dann kann ich doch gleich aus dem Vollen schöpfen, oder?, dachte ich mir. Ich ver-abredete mich mit ihm in einem Café direkt in seiner Nachbar-straße, so könnten wir bei Lust gleich zu ihm gehen.

Es war so weit, Freitagabend. Ich war aufgeregt wie nie zuvor und voller Spannung auf den Abend. Mir gefiel der Gedanke an ein Abenteuer, bei dem der Ausgang völlig ungewiss ist. Die Beschreibung von Hengst – der Name ist eh schon mehr als mutig – hatte mir gut gefallen. Ich musste auch bei den anderen Männern, mit denen ich in Kontakt auf der Seite stand, gestehen, dass Beschreibungen und sexuelle Vorlieben schon viel mehr aussagen, als man es in der freien Wildbahn erwarten kann. Ich hatte vor meiner langen Beziehung schon einiges erlebt. Vieles davon hätte mir detaillierte Informationen vorab erspart.

Ralf zum Beispiel hätte ich nicht in mein Bett gelassen, wenn ich gewusst hätte, dass er mir ein Schleudertrauma würde rammeln wollen. Er hätte locker die Nähmaschine meiner Oma abgehängt. Oder Ronny, in dessen Bett ich nicht gekrochen wäre, wenn ich vorher gewusst hätte, dass er ständig an meinen Hintern ranwollte und dabei sagte: »Ich will deine Rosi lecken.«

Aber zurück zu meiner heißen Verabredung namens Hengst. Ich wollte mir gerade einen Tisch suchen, da kam er auch schon um die Ecke. Und er sah heiß aus. So heiß, dass ich vor Begeisterung fast einen Freudensprung gemacht hätte. Fred Feuerstein mit seinem JappaDappaDuu tauchte vor meinen Augen auf. Zu so etwas wäre ich in diesem Moment in der Lage gewesen.

Er kam näher, fackelte nicht lange mit großer Begrüßung, sondern umarmte mich fest. Er drückte meine Brüste ohne Umwege gegen sich und ich verfluchte den Stoff zwischen uns. Die Freude schien auf seiner Seite zu sein. Kein Wunder, ich hatte mich für das Date vorher extra gestriegelt, gewachst und aufs Feinste geschminkt. Ich fühlte mich wie sein weibliches Gegenstück. Besser konnte es nicht laufen.

Kaum hatten wir uns nebeneinander in einen Strandkorb gesetzt, rückte er noch vor der Bestellung näher an mich heran und legte eine Hand auf meinen Schenkel. Unsere Chemie stimmte, wir quatschten und flirteten gleich drauflos. Als der Kellner kam, begrüßten sie sich wie Bekannte, er war auch nicht von schlechten Eltern. Gibt es hier irgendwo ein Nest?, fragte ich mich innerlich. Dann werde ich zukünftig öfter in der Gegend sein. Ich war ganz traurig, als der Hengst – ich wusste noch immer seinen richtigen

Namen nicht – einen großen Cocktail bestellte, denn ich wäre am liebsten gleich aufgebrochen.

Ich bestellte einen Ginger Ale und lehnte mich an. »Ich will kein Geheimnis daraus machen, dass du mir besser gefällst, als du auf deinem Foto ausgesehen hast«, sagte er und lächelte mich flirtend an. »Dann verstehe ich nicht, warum du noch einen Cocktail brauchst«, neckte ich ihn. Es klappte, seine Augen funkelten vor Lust und ich legte meine Hand in die Nähe seines Schritts. 19 Zentimeter sind unter diesem Jeansstoff eingesperrt, dachte ich lüstern und ich konnte nicht anders, als mit meiner Hand darüberzustreifen. Seine Augen wurden kurz größer, ich konnte erkennen, dass er mit so viel Direktheit nicht gerechnet hatte.

»Ich mag Frauen, die wissen, was sie wollen.« – »Und ich mag Männer, die wissen, wie sie es wollen …« Kaum hatte ich diese Worte ausgesprochen, da küsste er mich. Etwas ungestüm, aber okay. Ich fühlte meine Macht, weil ich seine Lust in meinen Händen hatte. Und ich fühlte mich so begehrt wie ewig nicht mehr. Meine ganze angestaute Lust der Singlemonate kam mit einem Mal hoch und ich wollte nur noch eins: Sex mit dem geilen Typen, der mit 19 Zentimeter neben mir saß.

Wir brachen den Kuss schweren Herzens ab. Er war nur ein kleiner Vorgeschmack von dem gewesen, was noch kommen würde. Die Leute um uns herum mussten sich schon wie in der Kulisse eines Softpornos gefühlt haben. »Trink schnell aus und lass uns losgehen, ich will dich so schnell und innig in mir …« Lasziv brach ich meinen Satz ab, ich wollte ihn den Rest in seinem Kopf vollenden lassen.

Fast wäre er durchgedreht. Er sprang auf – natürlich mit einer Hand in der Hosentasche, er wollte ja nicht noch mehr bei den anderen Gästen auffallen als eh schon – und ging zum Tresen zum Kellner. Der kramte herum und reichte ihm dann etwas. Was es war, konnte ich leider nicht erkennen. Dann verschwand er. Viagra kann es nicht gewesen sein, lachte ich in mich hinein, darauf konnte er getrost verzichten, wenn mich mein Gefühl nicht getäuscht hatte.

Der Kellner kam mit einem breiten Grinsen zu mir und drückte mir einen Zettel in die Hand, darauf stand: *Geh in den Toilettenbereich und dann durch die Tür, auf der LAGER steht. Bis nach Hause schaffe ich es nicht mehr.*

Mein Herz klopfte, als ich genau das tat, was auf dem Zettel geschrieben stand. Die Lagertür war offen, das Licht war ausgeschaltet. Anmachen wollte ich es nicht, denn ein Becks-Reklameschild leuchtete den Raum ausreichend aus.

Als die Tür hinter mir ins Schloss fiel, stand er plötzlich hinter mir, griff mir von hinten mit einer Hand an die Taille und zog mich an sich heran. Mit der anderen an meinen Po, so tief, dass ein Finger meine intimste Zone berührte, dabei küsste er mich stöhnend auf den Hals. Ich drehte mich zu ihm um, ließ all meine Lust raus und hörte nur auf meinen Körper. Wir trieben es auf Cola- und Bierkisten, nahmen uns mit unseren Geräuschen nicht zurück und kehrten erst aus dem Lager zurück, als wir fürs Erste fertig waren. Die Betonung lag auf: fürs Erste.

Der Hengst wurde nicht nur ein One-Night-Stand, so wie anfangs online geplant, sondern für einige Monate meine Affäre. Und sein Kellnerfreund auch. Manchmal war einer mit mir zusammen, meistens aber beide gleichzeitig. Wir drei konnten so offen über Sex reden, wie ich es mir nie zu erträumen gewagt hatte. Fast all meine Fantasien wurden mit den beiden Wirklichkeit und auch einige ihrer Wünsche erfüllte ich gern. Es war eine Win-win-win-Beziehung. So lange, bis ich mich in den Kellner verliebte.

Jetzt gehen wir ab und an zu viert aus. Die neue Freundin des Hengstes hat keine Ahnung von dem Spaß, den wir viele Male zu dritt hatten. Aber wer weiß, vielleicht versuchen wir es irgendwann zu viert? Das war nämlich eine der Fantasien, die wir noch nicht in die Realität umsetzen konnten. Wir werden sehen. Es bleibt spannend …

DANKSAGUNG

Dieses Buch hat mir ebenso viel Spaß bereitet, wie es mich Herzblut gekostet hat. Mit so vielen Frauen über ihre One-Night-Stand-Abenteuer zu reden war eine ganz tolle Erfahrung. Ich habe mich köstlich amüsiert, herzlich gelacht und natürlich auch hier und da mit der Stirn gerunzelt.

Ich danke jeder einzelnen »Geschichtenspenderin« für das offene Gespräch, das mir entgegengebrachte Vertrauen und natürlich für die Erlaubnis, die Geschichte niederzuschreiben.

Ganz besonders möchte ich meinen fünf Mädels danken, die mit mir zusammen dieses Cover schmücken. Besser hätte ich es mir nicht vorstellen können. Ihr seid das Salz in der Suppe. Ganz zu schweigen von euren tollen Geschichten, die mir mehr als nur einen Lachanfall beschert haben. Danke!

Viele fleißige Bienen im Verlag bilden das Fundament, auf dem dieses Projekt steht. Meinem Verleger Oliver Schwarzkopf möchte ich für sein Vertrauen und den Glauben an mich und meine Bücher danken. Besser hätte es mich nicht treffen können. Ich hoffe, dass wir gemeinsam noch viele Projekte umsetzen werden.

Danke an meine hervorragende Lektorin Cathrin Kreich, ohne die das Buch nicht halb so schön geworden wäre. Danke auch an Nadja Schreiber, die schneller als ein Überschalljet für mich alles rund ums Thema Presse regelt, und an die Grafikabteilung, die mich immer wieder mit tollen Ideen überrascht. Und da gibt es im Hintergrund noch viele fleißige Mitarbeiter mehr, denen ich auf diesem Weg herzlichst Danke sagen möchte.

Meinen Eltern möchte ich dafür danken, dass sie auch bei diesem Buch hinter mir stehen und mich uneingeschränkt in dem bestärken, was ich mache. Ihr helft, wo ihr nur könnt, und eure Unterstützung ist unbezahlbar. Ihr seid mein Schutzschild. Danke.

Bei diesem und auch bei meinen vorangegangenen Büchern war mein Mann mein wichtigster Berater. Er ist nicht nur ein toller Ehemann, sondern auch ein konstruktiver Kritiker und Gesprächspartner sowie die starke Schulter und mein Ratgeber, wenn ich mal nicht weiterweiß. Du hast mich immer unterstützt und ich bin mir sicher, dass das auch so bleibt. Vielen Dank für alles!

Zu guter Letzt danke ich allen Lesern, die wie ich am facettenreichen Thema Sex Spaß haben. Keine Autorin schreibt ein Buch nur für sich selbst, sondern vor allem, um möglichst vielen Leuten unterhaltsame Stunden zu bereiten und das ein oder andere Lächeln zu schenken. Ich hoffe, dass es mir gelungen ist.

Ihre Jana Förster

DIE AUTORIN

Jana Förster ist Expertin für heiße Themen. Ihre ersten beiden Bücher *Ausgezogen* und *Nackte Frau an Bord* sind ebenfalls im Schwarzkopf & Schwarzkopf Verlag erschienen. Im Alltag liebt sie es bodenständig und lebt mit Ehemann und Tochter im beschaulichen Brandenburg.

Jana Förster
FUCK ME NOW AND LOVE ME LATER
33 Frauen erzählen von verrückten, missglückten,
abenteuerlichen und hocherotischen One-Night-Stands

ISBN 978-3-86265-243-3
© Schwarzkopf & Schwarzkopf Verlag GmbH, Berlin 2013
Dieses Buch erscheint in der Reihe EXPLIZIT.
EXPLIZIT ist ein Label des Schwarzkopf & Schwarzkopf Verlages.
Alle Rechte vorbehalten. Dieses Werk ist urheberrechtlich geschützt.
Jede Verwendung, die über den Rahmen des Zitatrechtes bei korrekter
und vollständiger Quellenangabe hinausgeht, ist honorarpflichtig
und bedarf der schriftlichen Genehmigung des Verlages. Coverfotos:
© Stefanie Heider | Bilder im Innenteil: © www.thinkstockphotos.de

KATALOG
Wir senden Ihnen gern kostenlos unseren Katalog.
Schwarzkopf & Schwarzkopf Verlag GmbH
Kastanienallee 32, 10435 Berlin
Telefon: 030 – 44 33 63 00
Fax: 030 – 44 33 63 044

INTERNET | E-MAIL
www.schwarzkopf-schwarzkopf.de
info@schwarzkopf-schwarzkopf.de